Soriya Pann

Die Suche nach der Freiheit
Jedes Leben ist lebenswert

Autobiografie

Mauer Verlag
Wilfried Kriese
72108 Rottenburg a/N
Buchgestaltung: Wilfried Kriese
Titelbild: Flavia Trachsel
2008
ISBN 978-3-86812-143-8

www.mauerverlag.de

Die Suche nach der Freiheit

Jedes Leben ist lebenswert

Soriya Pann

Inhalt

Vorwort

In jedem Leben steckt was Besonderes. Auch wenn es einem manchmal so langweilig oder sinnlos erscheint. Die kleinen Begebenheiten sind das Besondere im Leben. Jeder entscheidet selbst, was er/sie daraus macht oder zieht. Manchmal braucht es lange Zeit, bis sich etwas flickt, heilt oder erfüllt. Aber das Erreichte ist die Belohnung jeder geleisteten „Kraft".
Ich habe in meiner Kindheit niemals daran gedacht, jemals ein Buch über mein eigenes Leben zu schreiben; geschweige denn es zu veröffentlichen. Manchmal braucht es eben andere Menschen, die einem das Besondere im Leben durch kleine Bemerkungen bewusst machen. So wie auch in meinem Leben. Ich verdanke es einer guten Kollegin:

* * *

Ein schöner, sonniger Abend erstrahlte auf dem Balmberg (SO). Die Luft war angenehm mild und die Stimmung herrlich! „Go 4", so heißt die Einführungswoche der Lehrlingsausbildung Migros Aare. 41 Lehrlinge und Lehrtöchter sowie drei Lehrlingsausbilder/innen waren wir an der Zahl. Ich hatte schon einmal für die Schule einen schriftlichen, kurz zusammengefassten Lebenslauf geschrieben, den ich in dieser Woche ebenfalls bei mir hatte. Bei dem schönen Wetter genossen die meisten ihre Freizeit draußen auf den Bänken, rauchten oder plauderten. So wie auch ich, wie so oft mit meiner Mappe und meinen Tagebuchunterlagen, an denen ich eifrig weiterschreiben wollte.
Einige fragten mich: „Was schreibst du denn da?" – „Och, nichts Besonderes", gab ich zur Antwort, „nur einige Einträge." – „Darf ich mal lesen?", fragte mich Martina, eine gute Kollegin, die auf einmal meinen schriftlichen Lebenslauf erblickte. Nach kurzem Überlegen 8 9 willigte ich ein. „Wow", kam wenig später aus ihr heraus, „dein Lebenslauf ist ja unglaublich! Hast du dir schon einmal Gedanken gemacht, ein Buch darüber zu schreiben?" – Einige weitere Kollegen wollten es sogleich auch lesen. – „Nein, darüber habe ich mir noch keine Gedanken gemacht. Meinst du, es wäre was?", fragte ich verblüht. – „Also, ich denke, wenn das für mich schon so spannend ist, würde es bestimmt auch andere zum

Lesen animieren", bekräftigte sie ihre Meinung. „Wenn es so weit ist, will ich auf alle Fälle gerne ein Exemplar davon!"
„Hm gut, ich überleg es mir", versprach ich ihr.
Nun, nach der erfolgreich bestandenen Lehre im Sommer 2002 habe ich selbst festgestellt, dass es mir sehr gut tut über das Erlebte zu reden, was ich zuvor nicht kannte. Auch wenn es nicht immer einfach ist. Ich hatte in meiner Familie nie gelernt, über die eigenen Gefühle zu reden. Und immer, wenn ich es wollte, wurde ich mit irgendwelchen Argumenten abgespiesen. Gefühle zu zeigen war tabu. Aber nun bin ich eines Besseren belehrt. Ich habe gelernt mit ihnen offen umzugehen, sie zu akzeptieren und zu respektieren. Ich möchte andere daran teilhaben lassen und besonders denen damit Mut machen, die vielleicht Ähnliches erlebt haben wie ich. Das Leben ist so kostbar. Ob es einem gefällt oder nicht, es kommt immer nur darauf an, was man daraus macht!

Einleitung

In den 70er/80er Jahren wütete der Krieg in Kambodscha. Viele Menschen befanden sich auf der Flucht. Darunter Familien mit Kindern und Großeltern. Die roten Khmer kannten kein Erbarmen. Praktisch alle, die eine ordentliche Schulausbildung hatten, wurden umgebracht, erschossen oder bis aufs Letzte gequält. Kinder wurden Waisen, mussten ihr tägliches Brot selbst erkämpfen. Oder sie wurden direkt vor den Augen ihrer Eltern auf grausamste Art und Weise erschossen oder erstochen. Teile des Landes wurden verwüstet. Berge von Totenköpfen waren ein Symbol der roten Khmer. Minen lagen überall im Land. Es war schrecklich, zu schrecklich um überhaupt darüber zu reden oder etwas davon aufzuschreiben. Aber beide dieser Arten sind gute Methoden zur Verarbeitung. So auch für mich.

1. Die Vorgeschichte

Meine Mutter ist die Tochter aus einer großen Familie. Insgesamt hatte sie 13 Geschwister, wovon die meisten bereits umgekommen sind. Der Krieg begann in ihren Kinderjahren, im Alter von 13 Jahren. Er schien kein Ende mehr zu nehmen. Ihr Vater, ein angesehener Mann im Dorf Preah Vehea, musste ebenfalls in den Krieg ziehen. Am Morgen bevor er das Hause verließ, erinnerte er seine Töchter immer daran: „Kinder, packt auch etwas Reis für die anderen Soldaten ein. Die meisten sind ohne Familie hier und haben sonst niemanden."

Nach seiner Soldatenzeit wollte er mit dem verdienten Sold für seine Familie Essen einkaufen. Plötzlich fielen aber erneut Bomben vom Himmel. Wegrennen war zwecklos. Die Wucht kam so enorm. Alle starben. Die traurige Nachricht wurde am selben Tag seiner Familie überbracht. Nach der Beerdigung sahen diese keinen Sinn und keine Hoffnung mehr, länger in Kambodscha zu bleiben. „Kinder", sagte die Mutter Som, „packt das, was ihr könnt. Wir gehen runter vom Berg nach Jaliew (Thailand). Dort wohnt eine Tante von mir."

Gesagt, getan. Landwirtschaftliche Arbeitsmöglichkeiten gab und gibt es in Jaliew genug für alle. Sie zagten nirgends und packten überall fleißig mit an. Eines Tages, als Hon, die älteste Tochter sich nach der Arbeit auf den Heimweg begab, fuhr ihr in der Kurve ein junger Mann auf einem Mofa entgegen. Dieser ließ seinen Blick nicht mehr von ihr abwenden und vergaß dabei völlig auf die Strasse zu blicken. Er fuhr direkt in eine Grube. Krach, machte es. Hon ließ sich nichts anmerken und ging an ihm vorbei. Obwohl, das Lachen konnte sie sich innerlich nicht verkneifen. Der junge Mann namens Gangäh Tscheisäh konnte aber nicht mehr von ihr ablassen. Er suchte sich Rat bei einer älteren Frau. Was er nicht wusste, es war die Großmutter der Angebeteten. – „Ich habe mich verliebt in eine bildschöne junge Frau. Sie ist vermutlich gerade von der Arbeit nach Hause gekommen. Weißt du, wer sie ist?" – Nach einer kurzen Beschreibung wurde es der Großmutter klar. „Natürlich, das ist meine Enkelin", erwiderte sie. – „Oh, bitte hilf mir, ich bin so verliebt in sie. Bitte hilf mir sie zur Frau zu bekommen", bat er sie flehend an. – „Nun mal langsam, junger Mann. Ich kann sie fragen, aber versprechen kann ich dir nichts. Hörst du?" – Voller Hoffnungen ging er nach Hause und

wartete auf den Bescheid der alten Dame. Hon hatte schon sehr viele Verehrer, aber noch keinem hatte sie das Ja-Wort gegeben.
Am selben Abend überbrachte ihr die Großmutter diese Nachricht und fragte sie: „Und was sagst du dazu, Hon? Willst du ihn heiraten?“ – Sie blickte fragend ihre Mutter an. Diese sagte nur: „Es ist deine Entscheidung, Kind.“
So kam es, dass sie sich bald darauf verlobten und heirateten. Weil Hon sehr gut arbeitete und immer reichlich Geld nach Hause brachte, wurde sie bald zum Liebling des Schwiegervaters, was nicht allen Familienmitgliedern sonderlich gefiel. Bald darauf entstanden Neid und Missgunst. Während ihrer Schwangerschaft musste ihr Mann das Los ziehen. Damit wurde bestimmt, wer in den Krieg ziehen muss und wer nicht. Das erste Mal traf es ihn nicht, dafür aber das zweite Mal. Während dieser Zeit kriselte es in Thailand. Die Regierung wollte alle Kambodschaner wieder in ihr Land zurück verfrachten. Und das, obwohl dort immer noch der schreckliche Krieg herrschte. Aus Angst, dass ihr Sohn nach seinem Sold dorthin zurückkehren muss, veranlasste seine Mutter mit der Einwilligung von Hon, ihrer Mutter und Großahnen die Scheidung.
Wenig später, am 4. März 1979 um 04.00 Uhr früh, erblickte ich endlich das Lichte der Welt. Geboren wurde ich nicht in einem Spital, sondern zu Hause mit der Hilfe erfahrener Frauen. In einem Haus, umgeben von rötlichem Sand und viel Grün. Ich wurde auf die Namen Soriya, Witchida, Abpäntang getauft. Vielleicht etwas ungewöhnlich, drei Vornamen zu haben, aber zu dieser Zeit anscheinend normal. Als mein Vater von seinem Sold zurückkehrte und erfuhr, dass er geschieden sei, kam er nicht zu uns. Stattdessen spielte er Wasserspiele[1] mit den jungen Frauen vom Dorf. Meiner Mutter blieb nicht viel Zeit sich auszuruhen, denn aufgrund der Scheidung[2] mussten wir weiter.
So erreichten wir das Flüchtlingslager Surin. Erst nun merkte mein Vater, was er verloren hatte: seine kleine Familie. Aus Sehnsucht besuchte er uns seitdem immer wieder. Wenn er uns besuchte, bekochte ihn meine Mutter ständig. Sie verspürte kein Hassgefühl, weil er uns in Jaliew nicht besuchte. Sie liebte ihn immer noch so wie er sie. – „Es fällt mir schwer zu glauben, dass wir geschieden sind“, beteuerte er. „Ich liebe dich und unser Kind so sehr und will euch nicht verlieren. Bitte bleibt bei mir!“ Tränen stiegen ihm in die Augen. Verzweifelt blickte er sie an. Meine

Mutter nahm zärtlich seine Hand, tröstete ihn mit liebevollen Worten und versprach: „Sobald wir in Sicherheit sind, schreibe ich dir einen Brief und lasse dich holen." – Diese Worte trösteten ihn. Doch bevor er das nächste Mal kam, waren wir bereits weg. Er konnte uns nicht einmal auf Wiedersehen sagen. Die Leute vom Lager teilten ihm keine nähere Auskunft mit, außer dass wir entweder nach Frankreich, Belgien oder in die Schweiz geflogen wurden. Seine Hoffnung, uns jemals wieder zu sehen, gab er niemals auf und wartete sehnsüchtig auf den Brief von meiner Mutter. Dieser kam aber niemals an …

2. Neue Gesichter

Foto 1: Unser Aufenthalt in Studen. V. l. n. r.: meine Mutter, Tante Hom, Tante Many und unten stütze ich mich am Bein meiner Mutter.

Im Sommer 1980 erreichten wir dank des Roten Kreuzes die Schweiz. Die nächsten drei, vier Monate verbrachten wir im Flüchtlingslager Studen. In dieser Zeit besuchten uns viele nette Menschen. Darunter auch das Ehepaar Liechti aus Erlach. Wie es der Zufall wollte, wurde dieses Städtchen auch unser neuer Wohnort. Wir bekamen eine Wohnung in der Amthausgasse 8. Zwar keine besonders große für eine achtköpfige Familie, aber wir waren sehr zufrieden. Meine Mutter musste schon kurz nach unserer Ankunft anfangen in der GRAVURESA-Fabrik zu arbeiten. Deshalb nahm sie sich schon bald darauf mit mir eine eigene Wohnung in der Altstadt 3. Eine Wohnung der GRAVURESA-Fabrik und etwas speziell. Denn wir hatten vom Gang aus zwei Eingangstüren, die in zwei verschiedene Bereiche führten. Die eine in die Stube und ins Schlafzimmer, die andere in die Küche und das Badezimmer. Wenn ich

in der Nacht einmal musste, hatte ich am Anfang ziemliche Angst! Meine Mutter musste mich stets begleiten!
Dort fand ich aber einen sehr netten Spielkollegen. Er hieß Christian. Während meine Mutter arbeitete, durfte ich häufig bei ihm und seiner Mutter bleiben und mit ihnen spielen. Seine Eltern waren ganz lieb. Eines Tages sah ich, wie Christian fröhlich seinen Vater umarmte und ihn lachend begrüßte: „Hallo Papa, hast du einen guten Tag gehabt? Hast du etwas Schönes für mich?“ – Mir wurde plötzlich ganz traurig zumute, weil ich keinen Papa hatte. Seitdem fragte ich meine Mutter ständig: „Mama, wo ist denn mein Papa? Wann kommt er endlich nach Hause?“
Sie hatte ihm kurz nach unserer Ankunft einen Brief geschrieben. Aber anstelle eines erfreulichen Briefes bekam sie die Antwort: „Ich bin bereits wieder verheiratet. Such dir lieber einen anderen Mann und misch dich nicht mehr in mein Leben ein!“ Dieser Schlag traf sie ins Herz. Nur wusste sie nicht, dass dieser Brief nicht von ihrem Mann, sondern von ihrem eifersüchtigen Schwager kam. Sie versuchte es mir zu erklären, aber es ging nicht einfach. Wenn sie nicht weiterwusste, fing ich häufig an zu weinen, so sehr sehnte ich mich nach einem Papa. Eigentlich wollte meine Mutter kein zweites Mal mehr heiraten, aber mir zuliebe tat sie es doch.
Bald darauf lernte sie einen lieben Mann kennen und heiratete ihn im November 1981. Er war ebenfalls Kambodschaner wie wir. Seitdem konnte ich wieder lachen. „Nun habe ich auch einen Papa wie Christian“, sagte ich mir. Leider zog Christian mit seiner Familie kurze Zeit später weg. Die Traurigkeit überrollte mich erneut. Denn mit ihm verlor ich einen guten Spielkollegen. Meine Mutter merkte, dass ich immer stiller wurde. Eifrig suchte sie nach einer Beschäftigung für mich, damit ich nicht so ruhig und schüchtern bliebe. Denn sie hatte große Angst, dass ich sonst in der Schule nicht nachkommen würde.
Sie fand eine Kinderturngruppe und brachte mich bereits im Alter von vier Jahren dorthin. Am Anfang traute ich mich überhaupt nicht mitzumachen. Ich hatte große Angst. Vielleicht wegen den vielen neuen Gesichtern. Aber, ich war auch ein kleiner Schelm. Denn immer bevor ich ging, wollte ich zwei Franken. Meine Mutter blieb meistens bei mir. Sie musste mich jedoch richtig mitziehen, bis ich mitmachte. „Komm Soriya, komm! Mach mit, es macht doch Spaß.“ Dabei turnte sie immer

mit. Als wir den Hampelmann machen sollten, machte sie ihn mir mit ihren Winterstiefeln vor und ich, ich klammerte mich voller Angst an ihr Hosenbein. Peinlich! Nun, zum Glück blieb diese Angst nicht ewig. Im Grunde genommen hatte ich ja ganz nette Turnlehrerinnen.

Foto 2: Ich war sehr glücklich, dass ich nun doch einen Papa hatte.

Langsam gewöhnte ich mich an die vielen Kinder. Mit fünf Jahren kam ich in den Kindergarten zu Fräulein Kunz. Einer jungen Frau mit langen, blonden Locken. Dabei waren viele Kinder, mit denen ich singen und spielen konnte. Gesungen wurde stets im Kreise der kleinen Stühle. Fräulein Kunz stimmte stets an, damit gleich alle einstimmen konnten, sowie z. B. das Lied: „Oh, du goldigs Sünneli, tue doch wieder schiine, blib der, blib der ganz Taag da, dass mir chöi voruse gah. Oh, du goldigs Sünneli, tue doch wieder schiine." – Im Kreis wurde zudem gemeinsam gespielt. Bei einem Spiel hätte ich einer Praktikantin einen Kuss auf die Wange drücken sollen. Ich traute mich aber überhaupt nicht und stotterte nur so verlegen vor mich hin: „Ich … ich … weiß nicht. Ich … ich …" – Während die anderen mich dazu anfeuerten, nahm mich die nette Praktikantin auf ihren Schoss, blickte mir lieb in die Augen und sagte verständnisvoll: „Es macht nichts, Soriya, wenn du nicht willst oder dich nicht traust. Es ist schon in Ordnung." – Erleichterung erfüllte mich. Zur Stabilisierung meiner Sprachkenntnisse blieb ich zwei Jahre im Kindergarten.

* * *

Eines Abends fragte mich meine jüngste Tante: „Soriya, hättest du nicht Lust, mit mir in die Mädchenriege zu gehen?" – „Mädchenriege? Was ist denn das?", fragte ich. – „Das ist eine Turnstunde mit vielen anderen jungen Mädchen. Ich bin auch dabei. Hast du Lust einmal mitzukommen und zu schauen? Es wird dir bestimmt gefallen", bekräftigte sie ihren Vorschlag. – „Hm, ja gut, ich komme mal mit", willigte ich ein. Das erste Mal, am Ende meiner Kindergartenzeit, gingen wir gemeinsam am Abend hin. Die Turnhalle befand sich in der Sekundarschulregion am Ende des Städtchens. Freundlich wurde ich von allen begrüßt: „Hallo, willkommen in der Mädchenriege!" – Ich sah viele große Mädchen und grüßte schüchtern zurück: „Hallo." – Schon bald verflog aber auch diese Schüchternheit und ich fühlte mich sehr wohl dabei zu sein. Als Turnlehrerin hatten wir eine ältere, braunkurzhaarige Dame. Ich schätzte sie so um die 40 bis 50. Vielleicht lag ich hier auch völlig daneben. Auf alle Fälle machte es richtig Spaß mit den großen Mädchen zu turnen, Gymnastikübungen und Spiele zu machen oder für spezielle Vorführungen oder gar Wettkämpfe zu trainieren. Seitdem ging ich jede Woche hin.

* * *

Im April 1986 folgte der Übertritt in die erste Klasse, zu Frau Kunz. Diese betrieb privat mit ihrem Mann zusätzlich einen Laden. Weil meine Mutter Angst hatte, ich käme in der Schule nicht mit, suchte sie mir schon frühzeitig eine Nachhilfelehrerin. Es war dieselbe, die meine jüngste Tante hatte. Diese hatte mich schon ein paar Mal mit zu ihr genommen, wo ich meistens nebenan Xylophon spielen durfte. Klingklang, klingklong, ertönte es. Ich hatte besonders Freude daran. Ob es meiner Tante genauso gut gefiel, das war wohl eher fraglich. Ich denke, ich habe sie damit mehr genervt als alles andere.

Als meine Mutter Frau Liechti unter dem kurzen Tunnelbogen begegnete, nahm sie einfach ihre Hand und zog sie zu uns rauf. So verständnisvoll wie Frau Liechti war, folgte sie ihr. Es ging die Treppen rauf, rechts und noch eine weitere rauf und direkt in die gute Stube. Dort holte meine Mutter ein Heft hervor, zeigte mit der Hand darauf und sagte ständig: „Soriya … Schule … Schule … ich Angst … helfen …" – Frau Liechti ahnte, was Frau Rim ihr zu sagen versuchte, und fragte verständnisvoll nach: „Verstehe ich Sie richtig? Sie wollen, dass Soriya in meine Nachhilfestunden kommt?" – Meine Mutter nickte mehrmals und antwortete: „Zu Ihnen … zu Ihnen … ja … ja." – „Nun Frau Rim, das sollte kein Problem sein. Ich habe noch freie Stunden." – Erleichtert bedankte sich meine Mutter auf ihre Weise und begleitete Frau Liechti wieder raus aus dem Haus. Seitdem unterstütze mich Frau Liechti in allen schulischen Bereichen.

* * *

Die Primarschule war nicht weit entfernt von unserer Wohnung – im Grunde war es nur ein Katzensprung. Dazwischen hatte es einen kurzen Tunnelbogen, worunter auch Leute wohnten und sich der Eingang zum Rathaus befand. Von dort kam man direkt auf den Pausenplatz. Nach weiteren Schritten gab es rechts eine steinerne Treppe, die auf einen Kiesplatz führte. An der darauf folgenden Mauer hing eine Kletterwand, an der ich viel herumturnte. Rechts am Schulhaus hatte es zudem einen Basketballkorb und Tischtennisplatz für die Sportlichen in der Pause sowie genug Sitzplätze. Gegenüber dem Schulhaus, links vom Fahrradständer, befand sich eine geheimnisvolle Holztüre mit einem ziemlich dunklen Fenster. Wir Schüler fragten uns oft, was sich wohl hinter dieser

geheimnisvollen Türe verbergen mochte und erfanden viele gruselige Geschichten … Huhuuu!
Unser Klassenzimmer befand sich zuoberst, auf der vierten Etage. Freude in der Schule, das hatte ich schon immer. Es war für mich einfach eine andere Welt als die zu Hause. Ich liebte das Auswendiglernen, das Singen und besonders den Sport. Denn da zählte ich schon früh zu den Schnellsten.
Eines Tages musste ich mit Oscar einige Rechenaufgaben lösen. Im Nu hatten wir die richtigen Lösungen parat und Frau Kunz lobte uns: „Das habt ihr sehr gut gemacht. Bravo! Nun könnt ihr die Schwierigen lösen." – Das machte uns beide stolz. Ja, Frau Kunz war mir eine liebe Lehrerin.
Zudem las ich schon früh sehr gerne Bücher. Kinderbücher, Comics und Derartiges. Dabei lebte ich so richtig auf. Meine Großmutter bestätigte mir häufig, dass ich bereits Bücher verstand und sie nacherzählte, bevor ich überhaupt lesen konnte. Dabei lachte ich immer so herzhaft.

Foto 3: Das große Klassenfoto mit Frau Kunz 1987 auf den Treppen der Altstadt. Ich sitze in der zweithintersten Reihe links.

3. Die frühe Verantwortung

Mit der Zeit wurde meine Mutter unberechenbar. An manchen Tagen rastete sie ohne Grund aus und schlug mich mehrmals rot bis blau. Sie schlug auf mich ein, auch wenn sie Wut auf jemand anderes hatte. Ich kam einfach häufig darunter, weil ich die älteste Tochter bin. Das habe ich nie verstanden und werde das wohl nie! Das ist der Grund, warum ich kein engeres Verhältnis mehr zu ihr aufbauen kann und will.
Eines Abends, als sie von der Arbeit kam, hatte ich eine Frage auf den Lippen. Ich kam aber nicht mehr dazu sie zu stellen. Sie blickte mich richtig böse an und warf mir plötzlich, ohne Vorwarnung, mit lautem Gebrüll einen Schuh entgegen, der mich voll in die Hüfte traf. Au, das tat weh! Meine Tränen konnte ich nur schwer zurückhalten. In einem unbemerkten Moment öffnete ich leise die Türe, ging schweigend raus und rannte davon. Ich wollte weg, weit weg, wo mich niemand finden und schlagen konnte. Ich liebte das Leben, aber nicht in dieser Art und Weise. Ich rannte in die Richtung, wo meine Großmutter wohnte. Als ich mich einmal umdrehte, sah ich von weitem, wie meine Mutter mir bereits auf den Fersen war. Ich rannte weiter bis zum Hause meiner Großmutter. Vielleicht hätte ich reingehen sollen; ich ging aber nicht rein, sondern versteckte mich im Finsteren unter der Haustreppe. Aufgewühlt waren meine Gefühle: Was soll ich jetzt tun? Soll ich ihr verzeihen oder soll ich über sie wütend sein und bleiben? Sie hat mir so oft schon weh getan! Ist das denn die Art einer vernünftigen und liebevollen Erziehung? – Diese Fragen kreisten wie Spiralen um meinen Kopf. – Sie war meine Mutter, ja, das mochte stimmen. Aber sie hatte bestimmt kein Recht mich einfach zu schlagen, mich anzuschreien oder überhaupt mir etwas Derartiges anzutun. – Auf einmal stand sie vor mir. Sie hatte mich gefunden. Sie nahm mich in ihre Arme und sagte in Tränen: „Es tut mir so leid, Soriya. Das wollte ich nicht. Es kam so plötzlich über mich."
„Ja, das kann man immer sagen", dachte ich mir. Sollte ich das nun als Entschuldigung annehmen? Ich war immer noch unschlüssig. Es war ja nicht das erste Mal, dass ich Schläge bekam! Ich hatte sie sogar schon mehrmals weinend auf den Knien gebeten aufzuhören, als sie mich ebenfalls ohne Grund mit dem Teppichklopfer schlug. Einem Teppichklopfer aus Holz! Das tat entsetzlich weh! Ich hatte richtige rote Strie-

men am Körper. Aber, sie ist meine Mutter und eine Mutter kann man nicht so einfach auswechseln wie ein paar Hosen. Nun gut, verzeih ich ihr noch mal, entschied ich mich. Seitdem geschah zum Glück nichts mehr Derartiges. Aber kaum hatten die Schläge aufgehört, fingen meine Eltern mit ihren Vorstellungen und Wünschen von einem perfekten Leben für mich an. Sicher weniger schlimm als die Schläge, aber nervig! Ich ließ es mir jedoch nie anmerken und hörte immer geduldig zu. Denn sie meinten es ja nur gut.

In der Schule hatte ich gute Schulfreunde und -freundinnen. Einige luden mich manchmal zu sich nach Hause ein. Zum Geburtstag oder einfach um ein bisschen zusammen zu sein. Häufig war ich bei Martina zu Gast. Ihre Familie wohnte nicht weit von uns. Ein paar Häuser weiter oben in der Altstadt. Zwei Türen von meiner Nachhilfelehrerin entfernt. Ihre Eltern luden mich ab und zu auch zum Essen ein oder sogar, um am Wochenende oder in den Ferien eine Nacht bei Martina zu übernachten. Sie ist die Jüngste der Familie und hat zwei ältere Geschwister. Am Anfang getraute ich mich nicht, meine Wünsche zu äußern. Frau Nievergelt, Martinas Mutter, fragte mich beim Frühstück, ob ich noch was haben wolle und es ansonsten nur zu sagen bräuchte. So schüchtern wie ich war, sagte ich nur: „Ich weiß nicht …“ – „Also das haben wir nicht“, antwortete mir Frau Nievergelt. „Zwar haben wir allerlei auf dem Tisch, aber ‚ich weiß nicht‘, das haben wir uns wirklich nicht. Da musst du dir schon was anderes außuchen.“ – Sie blickten mich alle lächelnd an. Ich wurde rot im Gesicht. Da hatte ich etwas gelernt und seitdem versuchte ich mir stets im Klaren zu sein, was ich wollte oder gerne hätte, und das ganz deutlich auszudrücken.

Bei solchen Besuchen realisierte ich aber auch, was andere Kinder hatten und ich nicht: die Liebe und Wärme der Eltern und das Gefühl, verstanden zu werden. Dazu kamen noch materielle Dinge, die ich mir nur wünschen konnte. Deshalb stahl ich meiner Mutter seitdem ein, zwei Male ein paar Franken, um mir meine kleinen Wünsche erfüllen zu können. Denn ich wusste: Wenn ich fragen würde, bekäme ich es nie. Mit dem Geld kaufte ich mir meistens Comic-Bücher oder sonstiges zum Lesen oder etwas zum Schlecken. Was ich zu dieser Zeit noch nicht wusste: Das schlechte Gewissen folgt immer!

Fotos 4 und 5: Geburtstagsfeiern bei Schulfreundinnen: bei Marceline (oben) und bei Beatrice (unten).

Zuoberst in der Altstadt gab es ein altes Schloss, in dem Gruppen von Kindern und Jugendlichen mit Betreuern und Betreuerinnen wohnten. Es waren Kinder/Jugendliche, die irgendwo Schwierigkeiten hatten oder aufgrund der Umstände einfach nicht zu Hause wohnen konnten. Dort hatte ich immer so ein komisches Gefühl. Als die Situation zu Hause wieder zu glühen anfing, zog ich mich in den kleinen Schulpausen immer häufiger zurück. Daraufhin schrieb mir Frau Kunz in einem Schulbericht: „Es wäre noch schöner, wenn Soriya sich ein bisschen mehr aus ihrem Mauseloch wagen würde."
An einem freien Nachmittag schaltete ich den Fernseher an und sah einen Karatefilm. „Das ist es!", sagte ich. „Das will ich auch können." – Seitdem trainierte ich im Geheimen Karate. Es blieb aber nicht lange geheim. Meine Verwandten fanden bei einem Besuch schnell heraus, was ich in der Freizeit so trieb.
Eines Morgens griffen mich ältere Buben in der Schulpause an. Sie stellten sich im Kreise um mich auf. Es waren etwa fünf, wenn nicht sogar sechs an der Zahl. Sie schlugen allesamt auf mich ein und ich musste mich alleine wehren. Meine gelernte Kampftechnik kam mir in den Sinn und ich schlug ebenfalls zu. Auf einmal schloss ich dabei meine Augen und schlug mit den Fäusten im Kreis um mich herum ein. Plötzlich spürte ich nichts mehr. Ich öffnete meine Augen und sah: Sie waren alle von mir gewichen. „Na, denen hab ich's gezeigt", sagte ich zufrieden. Seitdem wollte ich nicht nur mich selbst, sondern auch andere damit verteidigen und schützen können.
Nach der letzten Schulstunde Turnen ging ich erschöpft den Weg entlang heimwärts zu. Plötzlich hörte ich vor mir Schreie! War das nicht Nicoles Stimme? Meine Müdigkeit war rasch gewichen. Ich rannte in die Richtung, aus der die Schreie kamen. Von weitem sah ich, wie zwei Knaben Nicole belästigten und ihr die Tasche wegreißen wollten. Das ist doch die Höhe! Ich schrie: „Lasst sie in Ruhe!! Oder ihr bekommt es mit mir zu tun!" Als sie mich sahen, rannten sie beide davon. Solche Feiglinge! „Ist dir was passiert?", fragte ich Nicole. „Es geht, danke für deine Hilfe", gab sie ein bisschen verstört von sich. Ihr Gesicht sah bleich aus. – „Kannst du alleine nach Hause oder soll ich dich lieber begleiten?", fragte ich behutsam weiter. – „Nein danke, es geht schon." – Also ließ ich sie in Ruhe, denn die brauchte sie jetzt wohl am meisten.

Am nächsten Nachmittag gedachte ich meine jüngere Schwester vom Kindergarten abzuholen. Nichts Böses ahnend schlenderte ich den schmalen Weg dorthin. Plötzlich hörte ich hämisches Gelächter und Geschrei. Zwei Buben und ein Mädchen schlugen auf ein kleineres Mädchen ein und zerrten es an den Haaren. Ich rannte hin und hoffte in mir, dass es nicht meine kleine Schwester ist. Aber sie war es. Wut machte sich in mir breit. Ich griff sofort ein und schrie die bösen Kinder an: „Was fällt euch ein!? Was hat sie euch getan? Das wird auf alle Fälle Konsequenzen haben!“ – Als ich losließ, rannten sie alle drei ohne ein Wort davon. Meine Schwester hatte ein paar kleine Kratzer abbekommen, aber ansonsten ging es ihr gut. Trotzdem, ich wollte dies nicht so einfach durchgehen lassen. Am selben Nachmittag schrieb ich einen Brief an die Kindergärtnerin. Einige Tage später erhielt ich einen Brief von ihr zurück:

Liebe Soriya,
herzlichen Dank für Deinen Brief.
Ich habe heute Morgen mit den drei
Kindern gesprochen. Sie haben sich alle
bei Somaly entschuldigt und
versprochen, so etwas nie wieder zu tun.
Ich wünsche Dir alles Gute und einen
wunderschönen Tag.

Liebe Grüße
Fräulein Kunz.

Dieser Brief schenkte mir ein ganz tolles Gefühl. Das Gefühl, das Richtige getan zu haben. Zu dieser Zeit ging ich bereits in die dritte Klasse. Im Frühling 1989 erlebte ich mein erstes Skilager auf der Elsigenalp. In dieser Woche feierte ich zudem meinen 9. Geburtstag. Beim Skifahren gehörte ich zwar zu den Anfängern, aber ich hatte trotzdem Freude mit den anderen rauf- und runterzufahren. Gerne versetzte ich mich dabei gedanklich in die Lage eines Skirennfahrers. Wir konnten stets direkt bis zu unserer Hütte fahren, denn diese stand am gleichen Hang. Nur weiter unten.

In der Nacht hatte eines der Mädchen eine witzige Idee: „Hey, wer macht mit? Wir schleichen uns heute Nacht raus und machen einen Mitternachtstanz." – Begeisterung erfüllte das Mädchenzimmer. Martina: „Oh ja, dann könnten wir auch noch die Buben erschrecken." – Gekicher und volle Einstimmung folgten. – „Aber jemand muss Wache halten und wenn es soweit ist, die anderen wecken", gab Nicole zu bedenken. Marceline meldete sich: „Ich mach das!" – Alle waren schon sehr aufgeregt. Leider blieb aber trotzdem niemand so lange wach, obwohl wir es uns fest vorgenommen hatten.

* * *

In der vierten Klasse übernahm Herr Kohler unsere Klasse. Nun begannen die Vorbereitungen zur Sekundarschulprüfung. Denn dorthin wollten wir alle. Aber es gab zum Glück nicht nur strenge Schultage, sondern auch erholsame, z. B. einen Spaziergang auf den Jolimont. Meistens ging es dabei zur Erkundung der Natur. Wir lernten die einzelnen Baumarten an ihren Blättern und Blüten zu erkennen. Das war gar nicht mal so einfach. Unterwegs sangen wir einige schöne Lieder. Manchmal sogar im Chor, zwei- oder dreistimmig. Im Unterricht mochte ich alle Fächer gerne, aber am liebsten Rechenwettkämpfe, Singen und Turnen.
Jedes Jahr gab es eine Jugendmeisterschaft, an der alle Klassen beteiligt waren. Das ging von der 1. Primar- bis zur 9. Sekundarschulstufe. Anmeldungen waren allerdings erforderlich. Als Start gab es stets ein Einturnen. Denn wir sollten uns mit kalten Muskeln bekanntlich nicht übernehmen. Anschließend wurden Kategorien und Nummern verteilt. Es gab viele verschiedene Disziplinen wie Weitspringen, Ballwerfen, Zweierwettspringen und vieles mehr. Am Schluss gaben alle ihre Kärtchen zur Berechnung der Punkte ab und gönnten sich eine kurze Pause. Die Rangverkündigung wollte natürlich niemand verpassen. Die Medallions sind mein größter Stolz im Sport. Dreimal rannte ich zusätzlich mit den schnellsten Erlacherinnen um die Wette. Der Boden peitschte unter meinen Füssen. Ich liebte den Sport sehr und wollte gerne noch mehr daraus holen.
Bei einer Projektarbeit in der Schule arbeiteten wir eine Woche draußen bei den Fahrradständern. Wir hämmerten und schliffen gemeinsam an weißlichen, quadratischen Steinen. Gearbeitet wurde in Dreier- bis

Vierergruppen an zwei langen Tischen. Als Begleiter bei dieser Arbeit hatten wir extra Experten. Es gab Vertiefungen, Wellen und allerlei mehr. Zum Schluss entstanden drei schöne Kunstwerke. Diese kamen an die Mauer, womit unsere Klasse verewigt wurde.

Im Frühjahr 1990 erwarteten mich die Sekundarschulprüfungen. Vorher versprachen mir meine Eltern: „Wenn du die Prüfungen bestehst, darfst du dir ein neues Fahrrad nach deinen Wünschen außuchen." – Da wollte ich mir ganz viel Mühe geben. Es kamen Kandidatinnen und Kandidaten aus Lüscherz, Gals, Vinelz und Erlach zusammen. Große Angst hatte ich nicht. Wir wurden in Gruppen aufgeteilt, denn zusammen passten wir nicht alle in ein Zimmer. Ich kam in die Aula. Jede/r hatte einen Einzeltisch zur Verfügung, der im Abstand von mindestens 1 ½ Metern zum Nachbarn aufgestellt wurde. So konnte der Lehrer oder die Lehrerin zur Beaufsichtigung und Einsammlung der Blätter durch die Reihen gehen. Zur dritten, mündlichen Prüfung wurde ich nicht aufgefordert. Auf die Ergebnisse warteten wir alle sehr gespannt. „Hoffentlich, hoffentlich bestehe ich", wünschte sich jeder und jede Einzelne.

Endlich war es soweit. Herr Kohler hielt die bestandene Liste in der Hand. „Ihr habt bereits alle einen Brief nach Hause bekommen, wollt ihr sie trotzdem hören?", fragte er uns schmunzelnd. „Jaaaaaaaa!", riefen alle laut. Darauf brannten wir ja schon so lange. Er begann die Namenliste runterzulesen. „Marceline, Martina, Nicole, Soriya …, Alain, Jens, Roger …" Als ich meinen Namen hörte, fiel mir ein wahrer Stein vom Herzen. Ich hatte es geschafft, yeah! Die Freude war riesengroß. Wir umarmten einander und gratulierten uns gegenseitig. Leider gab es aber auch Durchfaller. In unserer Klasse waren es zwei. Diese bekamen aber im folgenden Jahr noch eine Chance.

Nach der Schule konnte ich es kaum erwarten, die tolle Neuigkeit meinen Eltern und Verwandten mitzuteilen. Am Abend war es dann so weit. „Mama, Papa, ich habe die Prüfungen bestanden!", verkündete ich stolz. Sie konnten sich vor Freude kaum fassen und umarmten mich gleich beide. An diesem Wochenende durfte ich mir mein neues Fahrrad außuchen und wählte mir ein schönes, blauviolettfarbiges, sehr stabiles Kettler-Alurad aus. Das war nun mein Verdienst.

Fotos 6 und 7: In den Sommerferien 1990 (oben v. l. n. r. Mama, meine Schwester Somaly, ich und Papa)

Im Sommer 1990 packte ich den Einstieg in eine tolle Sekundarklasse. Wir verstanden uns wunderprächtig. 21 Schülerinnen und Schüler waren wir an der Zahl. Vier aus Vinelz, fünf aus Gals, einer aus Lüscherz und der Rest kam aus Erlach. Gleich am Anfang erhielt ich einen verantwortungsvollen Job: Ich wurde Schlüsselchefin. Dazu musste ich am Morgen als erste anwesend sein und die Türe aufschließen und am Abend als letzte rausgehen und wieder abschließen.

Im Singen übten wir gerade an einem Ständchen für unsere Klassenlehrerin, Frau Krieg. Sie hatte vor, in den nächsten Monaten zu heiraten und wir waren alle herzlich eingeladen. Als sich der Tag ihrer Hochzeit näherte, waren wir alle ein bisschen aufgeregt. „Werden wir die richtigen Töne treffen?“, fragten wir uns. „Aber mit Herrn Ryf Junior als Dirigent wird es eigentlich kein Problem sein“, dieser Gedanke beruhigte uns. Endlich war es dann soweit. Wir bekamen einen Extraplatz in der Kirche. Die kirchliche Hochzeitsfeier fand in Vinelz statt, in einer gemütlichen, nicht allzu großen Kirche. Wir kamen als erste mit einem Einstimmungslied auf der kleinen Bühne an die Reihe. Unsere Klassenlehrerin strahlte so richtig vor uns und ihr zukünftiger Ehemann genauso. So sollte es auch sein. Nach dem Gesang hielt der Pfarrer seine Rede über die schöne Zusammenfindung zweier Herzen und es folgten das Ja-Wort und der Kuss. Von nun an hieß unsere Klassenlehrerin: Frau Christine Jean (-Krieg). Nach der Zeremonie kamen wir ein zweites Mal auf die Bühne mit einem Halleluja-Lied. Draußen vor der Kirche wurden viele Glückwünsche ausgesprochen und alle bekamen ein Eis. Diesen schönen Tag werde ich nie vergessen.

In den Schulpausen hatten wir es sehr lustig. Ich fing mit einer kleinen Kreis-Gruppe von Mitschülern das Emia-Benza-Spiel* an, die ständig großer und großer wurde. Zuletzt füllte sich der ganze, große Pauseninnenraum mit Mitspielenden und Mitsingenden. Alle wollten mitmachen, alle wollten mitsingen oder zumindest zuschauen können.

Ja, wir waren eine tolle Klasse und dazu eine tolle Schule. Einer meiner Mitschüler, er hieß Thomas, brachte mich stets so weit, ihm nachzurennen. Er neckte mich ständig in den kleinen Pausen. Oder Daniel, dieser brachte mich häufig auf die Palme mit dem Namen „Söru“! Was für ein scheusslicher Name …! Aber, ich ließ es doch gelten, denn es war ja alles nur Spass. Sie kamen beide aus Gals. In den Geografie-Stunden machten wir verschiedene Ausflüge mit den Fahrrädern. Wir erkundeten die nahe gelegenen Ortschaften und fuhren dabei zu jedem nach Hause. Wir nahmen an einem Tag immer eine Ortschaft durch. Verschieden sahen die Häuser aus, aber sehr schön. Am Ende des Tages gab es jeweils bei einem oder einer der Mitschüler/innen ein feines Zvieri. Mmh, das schmeckte. Damals hatten wir am Samstagmorgen noch Schule, aber es machte uns nichts aus. Denn wir mochten das Zusammensein.

Während dieser Zeit hörte meine Mutter aufgrund ihrer Müdigkeit auf zu arbeiten. Es wurde sehr „kriselig“. Denn, weil sie nicht mehr in der GRAVURESA arbeitete, hieß das für uns, dass wir bald ausziehen mussten. Zwar versicherte uns der Vermieter, dass wir uns mit der Wohnungssuche noch Zeit lassen konnten; aber schon bald darauf flatterte ein Kündigungsbrief in unseren Briefkasten. So was von fies! Ich hoffte aber trotzdem fest, dass wir nicht von Erlach wegziehen mussten, sondern in dieser Gegend eine Wohnung finden würden. Denn hier war ich doch aufgewachsen, hatte meinen großen Freundeskreis und hier wollte ich bleiben!

Als ich aber wenige Wochen später, Anfang November 1990, eines Samstags nach Hause kam, hörte ich bereits im Gang den Jubel meiner Eltern. „Schau, Soriya, wir haben die Zusage zu einer Wohnung erhalten“, verkündeten sie erfreut. Sie waren sehr glücklich. Ich wollte es aber nicht glauben. Mein Vater streckte mir die Zusage entgegen. Wo stand diese Wohnung? In Biel! „Auweia!“ Das hatte ich befürchtet. Nun hieß es, dass ich mich überall in Erlach abmelden und in Biel zur dortigen Sekundarschule anmelden musste. Natürlich freute ich mich für meine Eltern, aber ich spürte richtig, wie weh es mir tat. Wie sehr mir das Städtchen ans Herz gewachsen war! Da hatte ich doch alle meine Freunde und nun musste ich sie allesamt verlassen. Das war hart!

Bevor ich ging, bekamen wir in der Schule unsere Durchschnittsnoten der ersten Monate zu hören. Bei Herrn Schmocker wurde jeder und jede Einzelne dafür hinaus in den Gang gerufen. Ich bekam dabei in Naturkunde und Mathematik je eine Fünf. Dazu räusperte sich Herr Schmocker: „Schade, dass du gehst, Soriya. Du warst mir eine sehr angenehme, gute und sympathische Schülerin. Wir werden dich vermissen.“ – Als ob mir das Weggehen leichter fiele …! Aber lieb fand ich es trotzdem von ihm.

In den letzten Wochen musste ich mich schweren Herzens überall abmelden, wie zum Beispiel in der Mädchenriege und auch in der schönen Bibliothek. An meinem letzten Schultag, einem Samstag, brachte ich zum Abschluss einen Sack mit lauter feinen Buttergipfeln aus der Bäckerei Wüthrich für meine gesamte Klasse mit. Die Lehrerschaft ging selbstverständlich auch nicht leer aus. Auf einmal stand Frau Jean in unserem Schulzimmer. Sie kam direkt zu mir, streckte mir ihre Hand entgegen und sagte: „Soriya, ich wollte dir persönlich noch adieu sagen und dir viel Glück und alles Gute auf deinem weiteren Weg wünschen. Ich hoffe, du wirst in Biel viele neue Freunde finden und deine beruflichen Ziele erreichen." Dabei blickte sie mir aufmunternd in die Augen. – Ich schluckte. Ich hatte nicht erwartet, dass sie an ihrem freien Tag extra wegen mir kommen würde. Aber ich hatte es gehofft und es tat so gut. „Danke schön."

Der schwerste Abschied folgte aber noch. Nämlich der von allen Mitschülern und Mitschülerinnen. Als die Schulglocke zu Mittag klingelte, standen alle auf und kamen der Reihe nach an mein Pult. Alle wollten mir mit einem Händeschütteln oder einer herzlichen Umarmung persönlich ade und auf hoffentliches Wiedersehen sagen. Dabei konnte ich meine Tränen nicht mehr zurückhalten. So weh tat mir das Weggehen! Meinen letzten Weg nach Hause, in die Altstadt, ging ich mit Martina, meiner damaligen besten Schulfreundin. Zum Abschied umarmten wir uns nochmals für einen Augenblick und dann hieß es ebenfalls ade.

* * *

In Biel stieg ich am 1. Dezember in die Madretsch-Sekundarschule ein. Am ersten Tag begleitete mich mein Vater mit dem Fahrrad. Draußen warteten bereits mehrere Jugendliche auf das Läuten der Schulglocke. Als sie mich sahen, kamen einige Mädchen gleich auf mich zu und fragten mich: „Bist du die Neue?" – Klar war ich das, aber das konnten sie ja nicht so einfach wissen. Ein „Ja" kam aus mir heraus. Sie nahmen mich freundlich in ihre Mitte und begannen mich sogleich auszufragen: „Wie heisst du? Woher kommst du? Wo wohnst du?" Und so weiter. Sie gaben sich richtig Mühe, mir den Einstieg in ihre Klasse zu erleichtern.

Im Klassenzimmer sah alles ganz anders aus als in Erlach. Die Pulte hatten keine spezielle Ordnung. Oder etwa doch …!? Da standen stets zwei Pulte gegeneinander gestellt, irgendwie diagonal im Schulzimmer. Vielleicht war das ja die Ordnung in Biel. Das Klassenzimmer sah auch ein bisschen kleiner aus, oder täuschte es nur!? Außerdem schien das Tageslicht nicht so voll hinein wie in Erlach, oder war es nur das winterliche Wetter? Weitere Gedanken konnte ich mir keine mehr machen, denn die Stunde fing nach der Begrüßung gleich an. Ich durfte mich neben Michelle setzen. Uns gegenüber sassen Patrick und Pascal. Als Klassenlehrer hatten wir Herrn Peter Rösch, ein Mann mit Brille und Schnauz. Von ihm erhielten wir als erstes den Auftrag, ein Tier auszuwählen, eines oder mehrere Bücher in der großen Schulbibliothek darüber auszusuchen und eine Projektarbeit zu schreiben. Es sollte ein schön zusammengestellter Ordner werden. Dafür hätten wir fünf bis sechs Monate Zeit. Ich wusste zuerst überhaupt nicht, für welches Tier ich mich entscheiden sollte. Die Auswahl war riesig. Ein spezielles Lieblingstier hatte ich nicht – oder vielleicht noch nicht. Also durchstöberte ich in der ersten Stunde gleich mal die große Bibliothek. Das war nicht ganz einfach. Zum Schluss entschied ich mich für den Tiger. Der Tiger hat etwas Besonderes, das mich faszinierte: Gefährlich und königlich zugleich. Mehrere Wochen dauerte es, bis ich die wichtigsten Fakten des Tieres aus zwei großen Büchern herausgepickt und die passende Fotozusammenstellung kreiert hatte. Dazu brauchte es viel Ruhe und Konzentration.

In den übrigen Schulstunden fand nichts Ungewöhnliches statt. Die üblichen Stunden eben. Die Lehrer fand ich alle o.k. Meine damals beiseite gelegte Sopranflöte konnte ich in der Musikstunde wieder hervornehmen. Denn hier wurde nicht nur gesungen, sondern auch musiziert. Als zusätzliche Instrumente gab es Schlagzeuge, Xylophone, Klangstäbe und allerlei mehr. Wir übten gemeinsam für das kommende Schulkonzert. Zum Üben hatten wir zusätzliche Stunden, je nach Musikstück und Instrument. Aber zur Vorführung kam ich leider nicht mehr. Denn zuvor fand das Skilager statt und dort geschah etwas, was mein ganzes Leben umkrempelte. Etwas, das niemand erwartet hätte oder ahnen konnte. Im März 1991 folgte ein einschneidender Schnitt in mein Leben, welchen ich niemals vergessen werde.

4. Der Schicksalsschlag

Im März 1991 erlebte ich mein zweites Skilager. Unsere Skihütte befand sich zwar in Fruttigen, aber Ski gefahren wurde auf der Elsigenalp. Wie bisher gehörte ich zu den Anfängern. Der erste Tag, der 4. März 1991, verlief schön, ohne irgendwelche Zwischenfälle. Die, die schon mehr Übung hatten, fuhren mit dem Skilift ein rechtes Stück weiter rauf, aber das traute ich mir nicht zu. Man sollte ja nicht alles Hals über Kopf wagen. Ich begnügte mich mit meiner Kollegin Mimi auf dem kürzeren Hang. Unser Lehrer blieb bei uns. Wir verbrachten den ganzen Tag auf der Elsigenalp und hatten einen Riesenspass. Nach dem Abendessen erlebte ich eine große Überraschung! Auf einmal erklangen Geburtstagsgesänge:

Happy Birthday to you. Happy Birthday to you.
Happy Birthday, liebe Soriya, happy Birthday to you.
Zum Geburtstag viel Glück, zum Geburtstag viel Glück.
Zum Geburtstag, zum Geburtstag, zum Geburtstag viel Glück!

Es folgten drei Torten. Auf einer steckten zwölf brennende Kerzen, die vor mir platziert wurde. „Jetzt kannst du dir etwas wünschen und dann die Kerzen ausblasen“, forderten mich gleich einige auf. Dahinter war ein Grinsen, aber das bemerkte ich nicht. Ich wünschte mir etwas Schönes und versuchte dann die Kerzen auszublasen. Doch so fest ich auch blies, sie wollten einfach nicht ausgehen. Weil ich diese Art von Scherzkerzen noch nicht kannte, verstand ich nicht, warum alle am Tische so über mich lachten. Ich wurde traurig, weil ich ihr lautes Lachen als Gespött empfand. Da kam Mimi zu mir, nahm mich an die Hand und fragte: „Willst du dich vielleicht lieber zurückziehen, Soriya? In unser Zimmer? Komm, ich begleite dich.“ – Ich nickte nur stumm und folgte ihr. Ich konnte die anderen mit den nassen Augen nicht mehr ansehen, aber das war mir egal.
In unserem Zimmer sprachen wir noch Einiges. Mimi erklärte mir: „Weißt du, Soriya, die Kerzen waren nur ein Scherz. Sie wollten dir nichts Böses antun. Aber das hätten sie sich auch anders überlegen können.“ – „Die kannte ich wirklich nicht“, gab ich ihr zu verstehen. Ich hatte ein

bisschen ein schlechtes Gewissen. – „Ach, jetzt denk nicht mehr daran. Versuch lieber deinen Abend noch zu geniessen.“ So ging der Abend ruhig in die Nacht hinein.

Der nächste Morgen begann viel versprechend. Es sollte ein schöner Tag werden. Nichts Schlimmes ahnend zog ich mir nach dem Frühstück meine Skischuhe an und machte mich wie die anderen auf den Weg zum Bus. Nach wenigen Schritten verspürte ich plötzlich schwache Kopfschmerzen, die immer stärker und stärker wurden. Ich versuchte mir die Schmerzen mit den Händen vom Kopf wegzureissen oder zumindest zu verstopfen, aber sie blieben. Ich stützte mich mit der rechten Hand auf die Schulter eines Kollegen, der vor mir ging. Dieser drehte sich sofort zu mir um. Die Schmerzen wurden immer unerträglicher. Ich ließ los und fiel mit dem Hinterkopf beinahe auf den harten Asphalt. Herr Rösch sprang hinzu und fing mich rechtzeitig auf. Ich sah, wie sich viele Gesichter über mich beugten und meinen Namen riefen. Kurz darauf wurde ich bewusstlos.

Als ich für kurze Zeit wieder zu mir kam, erblickte ich verschwommene Bilder. Ich hörte Stimmen und sah zwei Gestalten in meiner Nähe, von denen der eine vermutlich ein Arzt aus Frutigen und der andere mein Klassenlehrer gewesen sein mussten. Ich realisierte, dass ich mich nicht in der Skihütte befand. Eine schreckliche Müdigkeit übermannte mich und ich versank erneut in den Schlaf. Meine Eltern wurden sofort benachrichtigt und sie eilten herbei. Am liebsten hätten sie mich in derselben Nacht nach Biel in die Kinderklinik gefahren, aber aufgrund der Dunkelheit verschob der Arzt diese Fahrt auf den folgenden Morgen. „Es ist nichts Schlimmes“, behauptete er. „Sie wird spätestens in drei Wochen wieder fit sein.“

Am frühen Morgen des 6. Märzes 1991 lief alles ziemlich schnell. Ich wurde in die Ambulanz verfrachtet und mit höchster Geschwindigkeit nach Biel transportiert. Meine Mutter und meine Großmutter blieben bei mir. Während der Fahrt hörte ich nicht auf zu schreien. Sie fühlten sich alle machtlos, weil sie mir nicht helfen konnten. In Biel untersuchten mich die Ärzte nochmals und stellten fest, dass ich etwas Schlimmeres hatte. Auf dem schnellsten Weg fuhren sie mich ins Inselspital Bern. Ich erwachte wieder, als mich einige nette Krankenschwestern auf einem Rollbett in den Operationssaal schoben. Eine an meiner Seite sprach mir

Mut zu: „Du brauchst keine Angst zu haben, Soriya. Es kommt bestimmt alles gut.“ – Mein Bello-Plüschhund lag in meinen Armen. Da mir wenig später eine Spritze verabreicht wurde, spürte ich von der ganzen Operation nichts.

Nach der OP kam ich für kurze Zeit wieder zu mir und sah meine Mutter traurig auf einem Stuhl neben mir sitzen. Ich konnte nicht mit ihr reden, dafür war ich viel zu müde und kraftlos. Später erwachte ich in einem Gitterbett auf der Intensivstation. Es war sehr ruhig. Meine Mutter kam zu mir rüber und gab mir ein bisschen Wasserreis zum Essen. Anderes als Flüssiges konnte ich nicht zu mir nehmen. Aber auch hier blieb ich nicht lange wach. Stattdessen fiel ich bald darauf für eine lange Zeit ins Land der tiefsten Träume und ins Reich meiner Seele …

5. Die Reise

Bilder öffneten sich unter mir. Ein seltsames Gefühl, wenn man auf einmal alles von oben sieht. Meine Blicke folgten mehrmals die Autostrasse, die von Erlach nach Biel zu unserem orangen, zwölfstöckigen Block führte. Immer wieder dieselbe Strecke. Meinen Körper sah ich nicht an mir. Schwebend kreiste ich um den Block herum. Als ich mich seelisch tiefer durch die Mauer in unsere Wohnung versetzte, sah ich mein zweites Ich. Ein Schock durchzuckte meinen Körper. „Eine Doppelgängerin – oder wurde ich ersetzt?“ Diese Fragen kreisten um mich. Sie spielte in unserer Wohnung mit einer Puppe, die mir neu schien. „Wer ist diese Person? Warum kann ich mich nicht in meinem eigenen Körper sehen? Bin ich etwa … tot???“ – Ein kalter Schauer kroch in mir hoch. Ich fand keine Antwort.

Kurz darauf packte mich das nächste Bild. Ich sah meinen Vater im Garten arbeiten. Neben ihm stand ein Körbchen, in dem ein Baby lag. – „War das etwa ich? Nein, unmöglich! Ich wurde soeben zwölf und nicht erst ein paar Monate! Oder ist es etwa meine kleine Schwester? Aber so klein ist sie auch nicht mehr. Und überhaupt: Einen Garten haben wir in Biel sowieso nicht. Das kann nur ein Traum sein.“ – Aber sicher war ich mir nicht.

Das nächste Bild zog mich weiter. Ich befand mich erneut in einem fremden Zimmer. Offenbar sogar wach, denn ich sah meinen Körper diesmal an mir. Dazu sass ich aber im Rollstuhl, in einem weißen Zimmer. – „Was ist nur aus mir geworden?“ – Draußen im Gang sah ich viele weißgekleidete Frauen herumlaufen, die von einem Zimmer ins andere eilten. Ich wusste nicht, wer sie sind, und verstand auch nicht, weshalb, wo und warum ich hier sein und in so einem komischen Fahrgestell sitzen musste! Wieso konnte ich nicht wie alle gesunden Kinder zu Hause bei den Eltern sein und weiter zur Schule gehen? Diese Fragen beschäftigten mich lange, weil ich noch nicht realisierte, was mit mir während des Skilagers geschehen war. Ich wollte einfach so schnell wie möglich von dieser Gegend verschwinden. Ich schloss meine Augen, um nichts mehr von dieser Umgebung sehen zu müssen.

Doch ich konnte meine Ruhe nicht finden. Sobald ich meine Augen schloss, tauchten weitere fremde Personen auf, die ich nicht kannte. War

das vielleicht ein Zeichen, dass ich diese Menschen einmal kennen lernen würde? Ich wusste es nicht. Immer noch in den Fragen versunken, riss mich bereits das nächste Bild mit sich.
Ich befand mich in einem völlig anderen Zimmer. Finsterer und kleiner erschien es mir. Die Zimmertüre stand einen Spalt offen. Ich hörte Kinderstimmen und sah diese in einer Halle nebenan springen und spielen. „Wo bin ich denn jetzt gelandet? Etwa im Nebenzimmer einer Turnhalle?“ – Die Verwirrung war groß. Ich sass auf einem Bett und eine Turnhalle besass doch normalerweise kein Nebenzimmer mit einem Bett, oder etwa doch? Habe ich vielleicht etwas verpasst oder träume ich sogar mit offenen Augen? Ich wusste es nicht.
Häufig verspürte ich große Trauer in mir, weil ich mich so oft hilflos im Rollstuhl sitzend oder auf dem Bette liegend sah. Ich konnte einfach nichts dagegen tun. Weder mich bewegen noch etwas daran ändern.
Das letzte Bild vor meinem Erwachen spielte sich auf einer einsamen Strasse ab. Ich sah keine Menschenseele, nur die leere Strasse und mich im Rollstuhl. Über meinen Knien lag eine dicke Decke. Ich fühlte mich verlassen, verloren. Alleine fuhr ich den sandigen Weg entlang. Bei diesem Anblick schmerzte mein Herz so sehr, dass ich mir nichts sehnlicher wünschte als zurück in meinen Körper zu gehen. Ich betete tief in mir. „Bitte, bitte lieber Gott, lieber Buddha; bitte gib mir die Chance noch einmal zu leben, zurück in meinen Körper zu gehen. Ich will mein Leben zum Besten wenden, meine Fehler wieder gutmachen. Bitte, gib mir die Chance dazu, mein Gewissen zu reinigen.“

6. Ein starker Windstoss

Nach langem Bitten und Beten wurde es auf einmal dunkel vor meinen Augen. Ich spürte einen starken Windstoss. Plötzlich fiel ich von hoch oben mit rasanter Geschwindigkeit runter, auf etwas Weiches. Meine Augen schlugen auf. Ich fand mich auf einem weißen Bett in einem weißen Zimmer vor. Meine Verwirrung war groß: „Wo bin ich?"
In diesem Augenblick kam eine junge, nette Krankenschwester (Schwester Monika) zu mir rein und fragte mich freundlich: „Ja hallo, Soriya. Schon wach. Hast du gut geschlafen?" – Völlig verwirrt blickend antwortete ich: „Ähm, ja schon, danke. Aber, könnten Sie mir bitte sagen oder verraten, wo ich hier bin?" – Als Schwester Monika meine Stimme hörte, sprang sie voller Freude jubelnd in die Luft! Ich verstand überhaupt nichts mehr! Erst später vernahm ich von meiner Mutter, dass ich während beinahe drei Monaten gar kein deutliches Wort über meine Lippen gebracht hatte! Schwester Monika sprang in die Höhe, weil sie sich so sehr freute, mich endlich reden zu hören. Da wusste ich, ich hatte eine zweite Chance zum Leben bekommen.
Seit meinem Erwachen fragte ich beinahe bei jeder Arztvisite: „Herr Doktor, wann darf ich wieder nach Hause, in die Schule?" – Auf diese Fragen bekam ich aber nie eine klare Antwort. Ständig hieß es: „Wir können es noch nicht sagen" oder „Es dauert noch!" – Wahrscheinlich befürchteten sie, dass ich nur noch trauriger werden würde und sich dadurch meine Kopfschmerzen verstärken könnten, wenn ich jetzt schon die Wahrheit über mein Schicksal erfahren würde.
Anfang Mai 1991 besuchte mich ein Logotherapeut in meinem Zweier-Schlafzimmer. Er war sehr freundlich zu mir und stellte sich als Herr Zimmermann vor. Er fragte mich: „Soriya, hättest du Lust mit mir rüberzugehen und etwas zu lesen und zu schreiben?" – „Oh ja, sehr gerne!", willigte ich mit Freude ein. Darauf wartete ich doch schon so lange. Er half mir in den Rollstuhl und schob mich raus aus dem Spital und rüber in ein anderes, kleineres Haus. Dort wartete bereits eine Frau auf uns. „Das ist meine Assistentin, Frau Kump", stellte er sie mir vor. Sie war auch ganz nett. „So, nun wollen wir doch mal sehen, was du so alles drauf hast." Herr Zimmermann gab mir ein Heft. Darin waren links verschiedene kleine, viereckige Bilder zu sehen. „Kannst du sie wohl be-

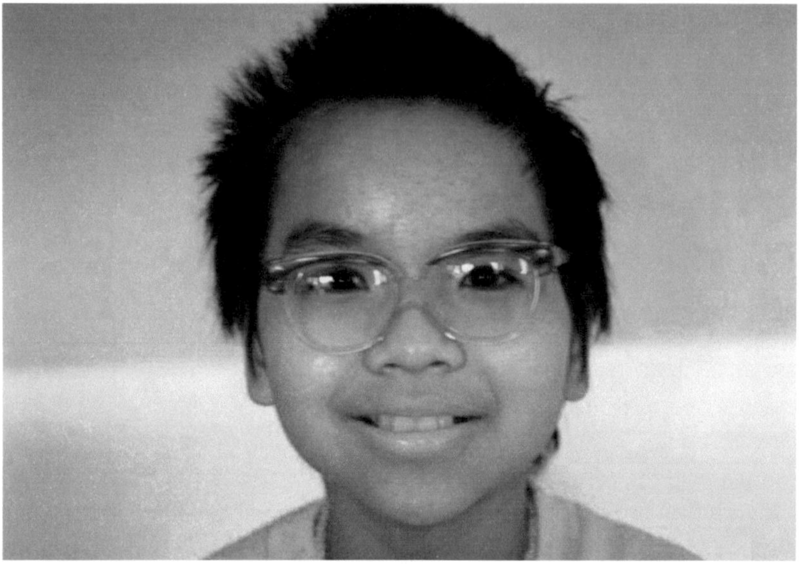

Foto 8: Nach meinem Erwachen (Ende April 1991)

schriften?", fragte er mich. – Ich blickte die Bilder an, musste aber bald feststellen: „Oh Schreck, was ist nur mit mir los?" Zwar wusste ich, was ich vor meinen Augen sah. Aber, mir kam schlichtweg nicht mehr in den Sinn, mit was für Buchstaben diese Wörter zu schreiben sind.
So sass ich also da, wie vor Schreck gelähmt, auf dem Stuhl und starrte einfach in das mir vorgesetzt Heft. Erst als Herr Zimmermann etwas zu mir sagte, erwachte ich aus meiner Starrheit. „Es ist ein bisschen schwierig, nicht wahr, Soriya? Komm, machen wir das doch gemeinsam", schlug er vor. So kam es, dass dies mein neuer Anfang des Lesens und des Schreibens wurde. Für mich war es unglaublich zu merken, wie viel ich in meiner bewusstlosen Zeit an schulischem Wissen vergessen hatte. Doch ich gab meine Hoffnungen niemals auf, alles wieder von Neuem zu lernen!
Seitdem holte mich Herr Zimmermann jede Woche vom Stock G 7 Nord ab. Mitte Mai musste ich für eine zweite Operation nach Zürich ins Universitätsspital, in die sogenannte Frauenklinik. Dort wollte man das Blut, das immer noch in meinem Gehirn herumströmte und mir die Kopf-

schmerzen bereitete, außaugen. In der Wartezeit nahm ich meine ganze Kraft und meinen Mut zusammen und beichtete meiner Mutter: „Mama, ich muss dir etwas gestehen … Ich hatte dir in der ersten, zweiten Klassen ein paar Franken geklaut … Ich wollte … ich wollte nur …" – „Es ist schon in Ordnung, Soriya. Ich verzeihe dir", kam sie mir hilfreich entgegen. Das tat so gut. Seitdem schwor ich mir, nie mehr irgendetwas derartiges zu tun. Mir einfach etwas zu nehmen ohne zu fragen.
Die Operation verlief gut, so dass wir bereits in der zweiten Woche, Ende Mai, an einem Freitag mit der Ambulanz wieder Richtung Bern ins Inselspital zurückfahren konnten. Darüber war ich wirklich sehr froh! Seitdem verhielt ich mich dort ganz anders. Ich hatte nicht mehr so großes Heimweh wie zuvor.
Kurz nach meiner Rückkehr, es war wieder ein Logotherapietag, fragte mich Herr Zimmermann: „Soriya, ich hätte einen Vorschlag. Würdest du dich getrauen, mit mir zu Fuß rüberzugehen? Falls du dich unsicher fühlst, helfe ich dir dabei." – Das war für mich eine sehr bedenkliche Frage. Würden es meine Beine schaffen? „Ich weiß noch nicht so recht. Sind meine Beine dazu bereit?", fragte ich etwas unschlüssig. – „Das kommt ganz alleine auf dich an. Willst du es versuchen?", fragte er mich erneut. Nach kurzem Bedenken nickte ich und stellte meine Beine auf den Boden. Ich atmete tief ein und aus. „Vielleicht hältst du dich beim Aufstehen zuerst mit den Händen am Bettgeländer fest, damit du dich sicher fühlst", riet er mir. Ich nickte wieder und atmete nochmals tief durch. Langsam ließ ich mein Gewicht auf meine Füße nieder. Die Beine fühlten sich noch sehr unstabil und unsicher an, aber ich wollte es dennoch versuchen. Und sieh mal einer an: Ich stand und ging langsam die ersten Schritte. Meine Beine fühlten sich wie Gummi an und waren ein bisschen „gwagglig". Aber sie gingen und es wurde immer besser. Seitdem ging ich stets zu Fuß in die Logotherapie, in die Physiotherapie sowie auch in die Ergotherapie zu Frau Freudiger.
Am Morgen wurden mir zur Kontrolle stets der Puls und einiges Anderes gemessen. An einem dieser Morgen kamen dazu zwei Schwestern in mein Zimmer. „Guten Morgen, Soriya. Kennst du mich noch?", fragt die eine. Halblange, „gruselige", braune Haare und eine Brille trug sie. Ich schüttelte den Kopf. „Also, ich bin Esther und das neben mir ist Gabi. Sie ist im Praktikum bei uns. Wir kommen jeden Morgen zu dir, oder

Gabi kann später auch alleine kommen, und messen dir den Puls und alles, was dir sicher nicht neu ist", klärte sie mich auf. – „Aha", funkte es bei mir. Es waren ganz nette Schwestern. Seitdem ging es bei mir lustig zu und her. Immer wenn Schwester Gabi zu mir reinkam, brachte sie mich ständig mit Witzen oder Lustigem zum Lachen. Im Geheimen lernte ich mir ihren Namen merken. Dabei zählte ich das Alphabet auf: „A, B, C, D, E, F, G, G + A, GA…, GA…, GAB…, GABI!" – Als sie am nächsten Morgen wieder in mein Zimmer kam, begrüßte ich sie fröhlich: „Guten Morgen, Gabi!" – Da staunte sie nur noch und freute sich sehr! Aber bei diesem einen blieb es nicht. Nein. Denn bald darauf kamen weitere Schwestern zu mir rein und sagten: „Wenn du dir schon Gabis Namen merken kannst, kannst du einen bestimmt auch!"

Das war ganz schön, aber nicht mal so leicht. Seitdem lernte ich noch viele mehr. Am Schluss waren es sagenhafte 28 Schwesternnamen. Bald darauf fing ich auch damit an, öfters aus meinem Zimmer Nr. 219 zu gehen und im Gang mit den vielen, netten Schwestern Lustiges zu plaudern und dabei viel zu lachen. Während dieser Zeit lernte ich zusätzlich Schwester Sabine kennen. Eine Gymnasiastin, die aushalf.

Da es mir zusehends besser ging, durfte ich Mitte Sommer, im Juli, für einen Tag an der Hochzeitsfeier meiner Tante Hom teilnehmen. An diesem Abend wollte ich eigentlich gar nicht mehr ins Spital zurückkehren, aber ich musste. Als Schwester Gabi wieder gehen musste, wurde ich ganz schön traurig. Denn sie hatte mir doch die ganze Freude hier im Spital gebracht. Einen Trost bekam ich noch: ihre Adresse. So können wir zumindest Briefkontakt pflegen. Als sie sich bei mir verabschiedet hatte und ging, wollte ich mich traurig auf mein Bett legen. Aber dazu kam ich nicht. Denn auf einmal hörte auf dem Gang jemanden singen. Eine bekannte Stimme und ein bekanntes Lied. War das nicht das Lied „Crazy for you" von David Hasselhoff? Ich stand auf und wollte nachsehen, wer da sang; aber bis zur Türe kam ich nicht mehr. Mitten auf meinem Weg kam plötzlich Schwester Sabine tanzend und singend reingeplatzt! Ich konnte mich nicht mehr halten, fiel aufs Bett und lachte und lachte! Ja, das war eine gelungene Show!

Später, Ende Juli, erklärte mir Herr Dr. Lam alles über meine Krankheit. Er wusste, dass ich nun bereit war, die Wahrheit darüber zu erfahren. Er forderte mich auf ins Personalbüro zu kommen. Dort fragte er mich: „Weißt du, warum du hier bist? Was du hattest? Hat dich jemand schon aufgeklärt?" – Ich schüttelte den Kopf und sagte: „Nein! Noch nicht." – Er begann sachte: „Erinnerst du dich an das Skilager, welches du vorher hattest, bevor du ins Spital kamst?" – Ich nickte. – Er fuhr fort: „Also, dort hattest du eine schwere Hirnblutung. Schau, hier auf dem Röntgenbild siehst du auch, wie es damals bei dir im Kopf außah." – Eine dunkle Fläche bedeckte den oberen Teils meines Gehirns. – „In Zürich, dort hat man dir das Blut hier (er zeigte mit einem Stift auf das eine Röntgenbild) ausgesaugt, welches dir vorher solche Schmerzen bereitet hatte. Diese Hirnblutung kann aber nicht von alleine gekommen sein. Du hattest bereits von Geburt an eine kleine Gehirnmissbildung. Ein Gefäß wurde zu dünn entwickelt, so dass das Blut nicht mehr richtig durchfliesen konnte. Also platzte es, was bei dir dieses Jahr geschah. Aber du hast sehr viel Glück gehabt, dass du wieder so weit gekommen bist. Das grenzt wahrlich an ein Wunder. Du kannst froh sein, wieder so gut in Form zu sein."

Und das bin ich auch wirklich. So vergingen Tage, Wochen und Monate. Seit meinem letzten Ausflug durfte ich jedes Wochenende nach Hause, musste jedoch am Sonntag immer wieder ins Spital zurück. Aber ich freute mich immer auf diese Rückkehr, denn bei diesen netten Schwestern fühlte ich mich wirklich wohl! Neben meinem Bett hatte ich ansonsten ein Telefon, mit dem ich stets nach Hause telefonieren durfte. Dabei musste ich am Apparat immer meinen Namen nennen und mich von der Telefonzentrale weiterverbinden lassen. Eines Tages rief mich eine Frau aus der Zentrale zurück und sagte: „Entschuldigung, Sie haben sich soeben bei uns mit Rim angemeldet, ist das richtig?" – „Ja, so heiße ich", gab ich zurück. – „Sie sind bei uns aber unter Pann und nicht mit Rim registriert. Bitte melden Sie sich das nächste Mal auch so an." – Das brachte mich völlig in Verwirrung. In den Schulen war ich doch immer Soriya Rim und nicht Soriya Pann! Pann, das war der Mädchenname meiner Mutter beziehungsweise meiner Großmutter. Was sollte das?

Ich konnte kaum den Besuch meiner Eltern am Abend abwarten um sie darüber auszufragen. Endlich war es soweit. Ich erzählte ihnen, was ich am Telefon zu hören bekam und stürzte sogleich mit Fragen auf sie los: „Wer bin ich wirklich? Wie heiße ich richtig?" – Meine Eltern schauten sich zuerst schmunzelnd an. Dann rückten sie endlich raus. Mein Vater begann: „Ja, Soriya, ich wollte dir deinen Namen im Ausweis lassen." – „Warum denn? Ich bin doch deine Tochter", dachte ich mir. „Der Aufwand wäre zu groß gewesen", fügte meine Mutter hinzu. „Also heiße ich wirklich Soriya Pann?", fragte ich noch einmal. „Ja", antworteten beide. Nun war der Groschen gefallen!

Kurz vor meiner Entlassung durfte ich zwei Wochen in die Ferien gehen, bevor ich ganz aus dem Spital musste. In den letzten fünf Tagen, genauer gesagt vom Abend des 29. September bis zum 4. Oktober, spazierte ich oft traurig im abendlichen Gang umher. In mein Zimmer kam in dieser Woche meine achte, aber auch letzte Zimmergenossin! Sie sprach französisch. Weil ich bereits in der Schule schon mal Franz-Unterricht gehabt hatte und mir diese Erinnerungen wieder kamen, verstanden wir uns ganz gut. Nun ja, manchmal auch nur durch einfache Handzeichensprache.

An meinem letzten Abend, dem 4. Oktober 1991, wurde sie ganz traurig, als sie vernahm, dass ich weggehen musste. Doch so erging es mir auch schon häufig, als jede meiner sieben vorigen Zimmergenossinnen ging. Und ich wusste sehr gut, wie weh das tut, wenn solche nette Zimmerkolleginnen gehen können und man selbst noch bleiben muss.

Da kamen schon meine Eltern, um mich fürs Wochenende abzuholen. In der folgenden Woche, Dienstag, dem 8. Oktober, sollte ich schon weitergehen. Nach Affoltern am Albis, ins Rehabilitationszentrum Zürich, wo ich alles in einem bekommen würde: Schule, Therapien und gute Betreuung. Ich verabschiedete mich mit schwerem und zugleich leichtem Herzen von meiner Zimmerkollegin und Schwester Susanne, die an diesem Abend Dienst hatte.

Mit einem leicht komischen Gefühl nach so einer langen Aufenthaltszeit verließ ich das große Inselspital und genoss eine Zeitlang die frische Luft, die draußen herrschte.

7. Der Neuanfang

An diesem Wochenende, am Samstag, gingen mein Vater, meine Großmutter und zwei, drei meiner Tanten mit Kerzen und Räucherstäbchen nach Frutigen. Sie wollten mich damit ganz – geistig und seelisch – wieder zurückholen. Das klingt vielleicht völlig absurd, aber für sie war es wichtig. An diesem Abend erfüllte eine heilige Stimmung unsere Wohnung.

Meine Mutter sprach mich am späteren Abend nochmals auf die Vatersituation an. „Soriya, du weißt doch, dass der Vater, den du hier hast, nicht dein leiblicher ist. Das habe ich dir schon sehr früh einmal erzählt. Erinnerst du dich noch?“ – Ich schluckte. – „Vielleicht hast du es über die Jahre vergessen. Du warst noch sehr klein. Du hast so nach einem Vater geweint, dass ich nicht anders konnte, als wieder zu heiraten.“ – „Wo ist den mein Papa?“, fragte ich nach. – „Im Krieg verschollen.“ – Stille folgte. Ich drehte mich im Bett zur Wand. Tränen drangen mir in die Augen. Es tat so weh!

Am Dienstag, dem 8. Oktober 1991, wurde ich von meinen Eltern weiter nach Affoltern am Albis gefahren. Das Rehabilitationszentrum erschien mir groß, aber nicht so riesig wie das Inselspital Bern. Die Umgebung sah ganz freundlich aus, mit viel Grün. Wir meldeten uns an der Rezeption an, wo wir vom Oberarzt abgeholt und per Lift weiter in die erste Etage geführt wurden. Dort lief uns eine freundliche Frau entgegen, eine meiner damals zukünftigen Betreuerinnen. „Guten Tag, Herr Rim, Guten Tag, Frau Rim. Ich habe Sie schon erwartet. Ich bin Karin Betz. Ich hoffe, Sie hatten eine gute Fahrt. Ja, und du bist also Soriya“, begrüßte sie mich freundlich. Ich nickte nur, war wohl noch ein bisschen schüchtern. „Es ist schon alles vorbereitet. Komm, ich zeig dir gleich einmal dein Zimmer.“ – Sie ging voraus und wir folgten ihr. Sie führte uns in ein großes Zimmer, in dem sich bereits drei Betten befanden. „Das ist das Mädchenzimmer. Die zwei vorderen Betten sind bereits besetzt. Deins ist das hintere, in der schönen Ecke. Wenn Nicole geht, kannst du dann ihren vorderen Platz einnehmen.“

Das Zimmer war sehr großräumig, hatte zudem schöne, große Fenster. – „Die zweite, die auch hier drinnen schläft, ist Dania. Du wirst sie heute Abend alle kennen lernen. Für deine Kleider und Sachen hast du diesen

Schrank zur Verfügung." – Sie zeigte auf einen hohen Schrank. – „Im Zimmer nebenan schlafen die Jungs. Zwei von ihnen kommen nur am Wochenende, aber die wirst du auch noch kennen lernen. So, dann lasse ich dich mal in Ruhe deine Sachen einräumen."
Sie wandte sich zu meinen Eltern und teilte ihnen einige Informationen mit. Als sich diese verabschiedeten, fing ich an, meine Ecke gemütlich und nach meinem Geschmack zu gestalten. Zur gemütlichen Stimmung hing ich sogleich ein schönes Walposter auf. Nach knapp einer Stunde hörte ich vom Gang her Stimmen. „Wer ist zuerst im Zimmer? Ich … ich … ich …" Zz-Geräusche folgten den Stimmen. Da bog jemand in mein Zimmer ein. Ein motorisierter Rollstuhl mit einem kleinen Mädchen. „Ja, hallo. Du musst Soriya sein. Ich bin Dania." Hinter ihr sauste gleich ein zweiter, nicht elektrischer Rollstuhl mit einem weiteren, größeren Mädchen rein. „Hallo, ich bin Nicole."
Wie ich später mitbekam, hatte Nicole einen Unfall, und Dania kam aufgrund falscher Pillen, die ihrer Mutter vom Arzt verschrieben wurden, bereits körperlich behindert zur Welt. Sie war eine recht feste, kleine Person und hatte dazu nur Mini-Finger. Trotz ihrer Behinderung gab sie die Hoffnung nie auf, etwas Besonderes aus ihrem Leben zu machen. Dazu besuchte sie hier täglich die Schule und zusätzlich Therapien. Wir verstanden uns prächtig. Sepp war der Dritte von den Jungs, der anwesend war. Ging ich über die Treppe runter, so erreichte ich direkt das große Esszimmer, die offene Küche, die Pikett-Ecke und das gemütliche Sofa. Es strahlte eine angenehme Atmosphäre aus. Für Rollstuhlfahrer gab es für diesen Weg einen Lift. Zudem gab es eine Glastüre, die sich weit öffnen ließ und Außicht auf ein schönes Panorama bot. Ein wunderschöner, blumiger, tanniger und heimeliger Platz. Dieser erste Anblick gefiel mir echt gut. In dieser WG hatte jede und jeder eine Bezugsperson. Wer diese bei mir sein würde, wusste ich zu diesem Zeitpunkt noch nicht. „Darüber sind wir noch am Diskutieren", erklärte mir Karin.
Auf der gleichen Etage befanden sich unsere Schulräume. In unserer Klasse, einer ganz gemischten, beteiligten sich gehende und im Rollstuhl sitzende Schüler/innen am Unterricht. Wir hatte alle einen sehr unterschiedlichen Wissenstand und wurden dementsprechend geschult. Einige kamen von auswärts hierher zur Schule und zu Therapien. Neben der Schule besuchte ich im nächsthöheren Stock Therapien sowie Physio-

und Logotherapie. Meine neue Physiotherapeutin hieß Sandra. Eine junge, angenehme Person. Ich äußerte ihr meinen großen Wunsch: „Sandra, ich würde so gerne das Fahrradfahren wieder erlernen. Würdest du mir dabei helfen?" – Sie blickte mich an. „Das können wir sehr gut machen. Wird dein Vater dir das Fahrrad bringen?",
fragte sie. „Sonst hätten wir hier auch welche." – „Ich weiß nicht, ich muss ihn zuerst fragen. Aber natürlich wäre es mir auf meinem eigenen Fahrrad lieber. Ich denke, es wird kein Problem für ihn sein. Mein Fahrrad ist schließlich nicht gerade ein Kran", gab ich zur Antwort.
In der Tat. Mein Vater brachte mir mein Citybike noch in der folgenden Woche. So ging es ran auf die Pedalen. Ich schaffte den Aufstieg mit der haltenden Hilfe von Sandra schon beim ersten Mal und fuhr gleich ein paar Meter, am Anfang sicherlich ein bisschen wackelig, aber es wurde immer besser. Seitdem machten wir in dieser Stunde stets Ausflüge mit den Fahrrädern durch den schönen Wald. Erfrischend kam er rüber. In der Logotherapie kam nichts Neues hinzu, nur das, was ich schon in Bern gelernt hatte. Aber es war bestimmt gut, alles nochmals zu stabilisieren.
In der Zwischenzeit bekam ich den Bescheid, wer meine Betreuerin sein würde. Rahel Dudli, eine in meiner WG ebenfalls neu startende junge Frau. Als sie vernahm, dass mir das Singen schon immer sehr viel Freude bereitete, fragte sie mich eines Abends: „Soriya, hättest du Lust, in einem Chor mitzusingen? Es wird dir bestimmt gefallen. Ich kenne jemand, der so einen führt." – Das klang sehr verlockend. – „Einer ist in Steinhausen, Richtung Zug, nicht weit von hier entfernt", fuhr sie fort. „Wir können das erste Mal zusammen hingehen und mal schauen, wie's dir so gefällt." – „Ja, das wäre wirklich was Schönes. Okay, ich komme mit", stimmte ich zu.

Das erste Mal begleitete sie mich also per Bahn. Nach der Bahn liefen wir ein weiteres Stückchen, bis wir im Chorraum ankamen. Da warteten bereits viele andere junge Mädchen, die ebenfalls zum Singen kamen. Mein Chorlehrer hieß Gido, Gido Simmen. Zur Einstimmung gab es als erstes ein Einsingen: „Do Re Mi Fa So La Ti Do" und verschiedene weitere Töne, die wir klangvoll treffen mussten. Zur Begleitung spielte Gido Klavier. Es gab verschiedene Singstimmen, wie Sopran, Tenor und Alt. Ich wurde in die Sopranstimme eingeteilt, die beherrschte ich am besten.

Beim zweiten Mal durfte ich alleine hin. In Steinhausen würden mich einige Mädchen abholen. Die Abfahrtszeit wusste ich. Als der Zug kam, stieg ich sofort ein. Als aber die nächste Station ausgerufen wurde, verwirrte es mich sehr. Es kam nicht die Station, die kommen sollte, sondern eine völlig andere. Ich schaute mich hilfesuchend um, erblickte im nächsten Vierer-Sitzplatz eine Frau und fragte sie sofort: „Entschuldigen Sie, könnten Sie mir bitte helfen? In welche Richtung fährt dieser Zug?“ – „Zürich“, antwortete sie. – „Auweia, da bin ich ja in den völlig falschen Zug gestiegen. Wie komm ich jetzt nur wieder raus?“ – Sie kam hilfsbereit zu mir rüber und erklärte: „Schau, dazu musst du an der nächsten Station außteigen und rüber auf die andere Seite. Dort fährt der Zug Richtung Zug. Schau, da kommt gleich einer! Aber den schaffst du wohl nicht mehr.“ – „Ach, so ein Pech! Das wird sehr knapp. Trotzdem, danke für Ihre Hilfe.“ So bedankte ich mich und stieg schnell aus.
Schlussendlich kam ich in Steinhausen an. Ein Glück, die Mädchen warteten alle noch auf mich. Sie hatten sich schon Gedanken gemacht und sich gefragt, was wohl passiert sei, dass ich noch nicht da war. Meine Story mit der Verwechslung der Züge erzählte ich ihnen auch kurz, aber wir mussten uns beeilen. Eine nahm mich aufs Fahrrad und so fuhren wir los. Wir waren schon sehr knapp dran! Kein Wunder, dass unser Chorlehrer Gido tobte: „Eine ganze halbe Stunde zu spät! Das gibt's nicht noch mal. Das hier ist keine Spielstunde, sondern eine Chorstunde! Die haben wir nur einmal in der Woche und da verlange ich Pünktlichkeit! Ich erscheine stets pünktlich, also habt ihr das auch zu tun. Sonst können wir das Ganze gleich vergessen.“
Alle verstummten. Nach dem Singen war ich aber trotzdem richtig erleichtert. Es war ja doch noch alles gut gelaufen. In der gleichen Woche, am Abend, sprach mich Rahel darauf an: „Soriya, Gido hat mich angerufen und erzählt, du warst eine ganze halbe Stunde zu spät. Er konnte sich diese Verspätung überhaupt nicht erklären. Was war los, was ist geschehen? Erzähl doch mal!“ – Zuerst wollte ich überhaupt nichts davon erzählen, aber am Schluss kam es doch raus. Ich erzählte ihr die ganze Story mit der falschen Richtung und meine sofortige Reaktion. Wie ich dabei einfach jemanden aus dem Zug angesprochen hatte und nach der Fahrtrichtung fragte. Wie sie mir erklärte, wo ich an der nächsten Station außteigen und in den nächsten Zug, in die entgegengesetzte,

richtige Richtung fahren könnte. Und wie ich zum Schluss doch noch in Steinhausen ankam.
Rahel hörte mir gebannt und mit großen Augen zu. Am Ende sprudelte sie nur so raus: „Ich bin sehr stolz auf dich, Soriya. Du hast genau richtig gehandelt. Jemanden anzusprechen und zu fragen." – Da wurde mir erst bewusst, wie gut ich gehandelt hatte. Aber das nächste Mal würde ich mir die Züge bestimmt zwei- bis dreimal genauer anschauen, bevor ich einstiege. Denn so was durfte nicht wieder vorkommen! Im Chor übten wir für ein tolles Musical und das wollte ich wirklich nicht vermasseln.
An meinem 13. Geburtstag, am 4. März 1992, durfte ich in er WG meine Wünsche walten lassen. Ich hatte viele Möglichkeiten zur Auswahl und entschied mich für einen Abendausgang und eine Feier bei Karin zu Hause. Es wurde eine sehr schöne und lustige Geburtstagsparty, viel schöner als die in Frutigen! Als Geschenk bekam ich ein leeres Buch. „Darin kannst du all deine Geschichten reinschreiben", sagte mir Gabi. Ich entschloss mich gleich eine fürs kommende Tessin-Lager zu schreiben. Es sollte eine junge, romantische Freundschafts- und Liebesgeschichte werden. Eifrig schrieb ich wochenlang in meiner Freizeit daran.
Im Tessin, in Chiasso, verbrachten wir eine sehr spannende Woche. An einem heimeligen Abend vor dem warmen, gemütlichen Kaminfeuer war es soweit. Eine angenehme Stimmung erfüllte die Stube und ich las meine Kurzgeschichte vor. Eine Geschichte mit Action und Romantik.

Foto 9: Bei einem Ausflug mit der WG sprang plötzlich ein Überraschungsgast zu mir ins Auto.

8. Warum werde ich immer wieder weggeschickt?

Einige Wochen später erfuhr ich, dass ich im Sommer wieder weg musste. Das stimmte mich sehr traurig. – „Warum werde ich immer weggeschickt? Warum kann ich nicht da bleiben, wo ich mich wohl fühle?“ – Ich verstand das Weitergehen des Lebens, der Zukunft überhaupt nicht. Ich wollte einfach mal dort bleiben, wo ich mich geborgen fühlte. Und das war zu dieser Zeit in Affoltern, bei den netten Betreuerinnen. Klar, natürlich wollte ich weiterkommen, aber wäre es denn nicht am gleichen Ort möglich gewesen?
Dass dies unmöglich war, wusste ich jedoch selbst. Denn in den oberen Etagen und Abteilungen waren nur Schwerstbehinderte, und das war wirklich nicht die Umgebung, die mir zu empfehlen gewesen wäre. Ich sank aber trotzdem in eine Trauerwolke, zog mich häufig zurück und wollte kaum noch mit jemandem reden. Rahel bemerkte meinen Rückzug und dass etwas in mir tobte. Deshalb kam sie eines Abends in mein Zimmer rein, setzte sich vor mir aufs Bett und fragte mich: „Was ist los, Soriya? Was betrübt dich?“ – Ich murmelte nur etwas Unverständliches. Sie ließ aber nicht locker, nahm meine Hände und sagte fest, aber sanft: „Komm, Soriya. Ich weiß, dich betrübt irgendetwas. Ist es das mit dem Weggehen?“ – Ich nickte schluchzend.
„Dann lass es raus“, forderte sie mich auf. „Lass deine Wut und deine Trauer raus. Dann wird es dir schon bald besser gehen.“
Ich schaute sie zuerst unsicher an. Sie nickte mir nochmals aufmunternd zu. Da gab es keinen Halt mehr. Meine Tränen schossen raus. Ich schrie meine Wut, meine Trauer aus mir heraus! Boxte in alles Herumliegende und -stehende wie meine Decke, mein Kissen und den Paravent zu Boden. So weh tat mir das Weggehen! Kurz darauf nahm mich Rahel in ihre Arme und besänftigte mich mit lieben Worten. Das tat so gut, ihre Wärme zu spüren, ihre Herzlichkeit zu empfinden. Dabei versprach sie mir sanft: „Wir werden einen ganz schönen Platz für dich finden, Soriya. Einen Platz, der dir gefällt und wo du dich wohl fühlst. Das verspreche ich dir!“
So lag ich eine Zeit lang in ihren Armen. Als ich mich beruhigt hatte, meine Tränen wieder getrocknet waren, gingen wir gemeinsam Arm in Arm runter in den Wohnraum, wo Jörg, ihr Freund, bereits auf uns war-

tete. Wir machten draußen einige schöne Fotos. Die verbleiben mir als Erinnerungen an diesem Abend.

Foto 10: Nach dem Ausbruch meiner Gefühle bei Rahel.

Schon bald danach ging es auf die Suche nach neuen Plätzen. Die ersten zwei, die Beddhesda Tschugg und das Schloss Erlach, gefielen mir überhaupt nicht. An beiden Orten hatte ich kein gutes Gefühl. Denn in der Beddhesda lebten auch verrückte, kranke Menschen. Das wusste ich von einer meiner Tanten, die dort in der Wäscherei gearbeitet hatte. In der Nähe solcher Menschen wollte ich nicht sein. Obwohl, die Schülerinnen schienen ja ganz nett zu sein, aber der Ort gefiel mir schlichtweg nicht.

Und im Schloss Erlach hatte ich schon von Anfang an ein schlechtes Gefühl.
Beim dritten, im Schlössli Ins, dort gefiel es mir ganz gut! Ich besuchte den Rosenhof, das Hauptgebäude beziehungsweise Schloss der Schlössli-Schule Ins. Die Zimmer waren ein bisschen altmodisch, aber ganz schön heimelig eingerichtet. Unter dem alten Schloss befand sich ein Gewölbe. An jedem Morgen wurden im großen Gewölbekeller des Rosenhofs zwei bis drei Lieder gesungen und dazwischen immer ein Stück aus einer Geschichte erzählt. Das klang ganz gut. Hinter dem Schloss gab es einen großen Park mit wunderschönen Blumen. Meine zukünftige Erzieherin konnte ich an diesem Tag ebenfalls kennen lernen. Es war eine ganz junge, noch im Seminar tätige Frau. Sie hieß Simone Schranz. Eine nette Person. In der Voraußicht zu wissen, wieder an einen schönen Platz zu kommen, fiel mir der Abschied schon ein bisschen leichter.
Nach dieser sicheren Feststellung, dass ich im Sommer gehen würde, wurde mir von der ganzen Gruppe und den Lehrern eine große Überraschung bereitet. Ich ahnte von nichts und stieg die schmale Treppe zum Gemeinschaftsraum runter. Als ich durch die offene Türe in die gute Stube trat, kam mir Rahel entgegen. Sie nahm mich herzlich in die Arme. Dann überreichte sie mir ein schönes Päckchen. „Mach es auf", forderte sie mich auf. Kraschel, kraschel, tönte es. Ein dickes Buch kam zum Vorschein. „Stein und Flöte", stand auf der Titelseite. „Danke vielmals! Da werd ich was zu lesen haben", bedankte ich mich und 60 61 gab ihr drei Küsschen. – „Zu diesem Buch gehört auch dieser Stein. Ein grüner Malachit-Dionyt. Bewahre ihn gut auf. Er wird dir den Weg weisen", erklärte sie mir. – Meine Augen strahlten. – „Und schau mal: Alle haben ihren Beitrag geleistet", fuhr sie fort und streckte mir einen großen, rechteckigen, farbigen Papierbund entgegen. Auf dem ersten roten Blatt stand in schwarzer Schrift: „Affoltern 91/92", oben rechts „WG" und ebenfalls rechts senkrecht „Soriya". – Ich konnte es kaum fassen. Jetzt hatten sie sich auch noch solche Mühe für mich gemacht. Alle hatten etwas gezeichnet, Erinnerungsfotos geklebt oder liebe Abschiedsgrüße geschrieben. Was mich sehr zum Schmunzeln brachte, war das gelbe Blatt vom Sepp:

Im Oktober kam daher,
Ein Mädchen süß und schwer.
Es begann in Steinhausen im Chor,
Stell Dir das mal vor.
Sie war von Arno geliebt,
dass es so was gibt.
Sie sagte so ganz nett zu mir,
ach geh ins Bett.
Jetzt will sie doch gehen,
dass soll einer verstehen.
Also auf Wiedersehen,
was kann schon geschehen.

Gerührt vor Freude bedankte ich mich bei allen herzlich. Auch bei der blinden Natalie, die mir ebenfalls etwas gemalt hatte. Kurze Zeit später, Ende Mai bis Anfang Juni, folgten als schöner Abschluss die Musical-Auftritte. Wir hatten vier große Auftritte vor riesigem Publikum. Jeder an einem anderen Ort, stets in einem schönen, großen Saal – genug Platz für alle. Zu einem meiner Auftritte kamen auch Rahel und Jörg. Das bereitete mir eine sehr große Freude. „Ich mache dir einige Fotos vom heutigen Abend. Damit du später auch etwas davon hast", sagte sie mir. Das freute mich sehr. Die letzten paar Wochen versuchte ich nur noch zu genießen. Der Abschied war nicht gerade einfach, aber ich wusste: „Dieser Weg wird mich weiterführen. Das ist das Wichtigste!"

9. Mein neues Zuhause

In der Schlössli-Schule Ins wollte man mir die Wiedereingliederung in den normalen Schulalltag ermöglichen. Das Schlössli war eine anthroposophische Schule mit den verschiedensten Fächern und wurde mir vom Jugendamt der Stadt Biel finanziert. Freundlich begrüßte mich Simone am ersten Tag im Rosenhof: „Hallo Soriya, schön, dass du schon da bist. (Zu meinem Vater gewandt) Guten Tag, Herr Rim. Haben Sie es leicht gefunden?" – „Ja, danke", antwortete er. Wieder zu mir: „Ich zeig dir jetzt, wo wir sind: Im ersten Stock gleich die erste Türe geradeaus und rein: Das ist unser Wohnbereich."

Sie öffnete die große Holztüre. Der Blick zu einem schmalen Korridor machte sich breit. – „Dein Zimmer ist das erste links. Da kannst du gleich mal rein und deine Sachen abstellen." – Ich bekam das erste große Zimmer. Schön frisch und geputzt sah es aus. – Simone fuhr fort: „Schau, und weiter hinten, auch links, ist das Zimmer von Corine und Melanie. Gegenüber dem ihren ist mein Zimmer. Falls du Fragen hast oder sonst irgendwas, kannst du jederzeit zu mir kommen. Jetzt lass ich dir zuerst Zeit zum Auspacken und dein neues Zimmer einrichten. Den Rest zeige ich dir später." – Sie verabschiedete sich von meinem Vater, der sich wieder auf den Weg nach Biel machte.

So hatte ich nun Zeit für mein Zimmer. Bald darauf hörte ich vom Korridor Stimmen und Getrampel. „Siiiimoone, wir sind daaa!", johlte eine laute Stimme. Es war Melanies Stimme, diejenige einer kleineren, jüngeren und recht wilden Person. Corine schien dagegen fast das Gegenteil zu sein. Sie war recht groß und fest gebaut. Aber die beiden passten sehr gut zusammen ins Zimmer, weil sie in die gleiche Klasse gingen. „Ich bin so froh, dass ich mein Zimmer habe", dachte ich mir dabei. Auf einmal läutete eine Glocke: „Eeessen!", schrie Melanie und rannte gleich wieder auf den Korridor raus und links ins große Esszimmer rein. Ich hörte viele schnelle Schritte von oben und nebenan. Ein Klopfen erklang an meiner Zimmertüre. Es war Simone. „Bist du soweit, Soriya? Du kannst gleich mit mir kommen." – Ich nickte und folge ihr. „Mittags essen wir immer alle zusammen im großen Esssaal", erklärte sie. „Am Abend isst jede Gruppe für sich. Dazu hat auch jede ihre eigene Küche und ihr eigenes Esszimmer. Unsere ist einen Stock tiefer."

Der große Essraum füllte sich mit Kindern, Jugendlichen und Erwachsenen. Jede Gruppe saß separat an einem Tisch. „Zuerst kommt immer ein gemeinsames Tischgebet", flüsterte mir Simone zu. „Oh, Vater unser. Wir danken dir für die Speise, das tägliche Brot und …", tönte es. Das war alles ganz fremd und völlig neu für mich.

Außer unserem Hof gab es weitere schöne Höfe, wie den Druidenhof, den Dellenhof, den Battenhof und das Fenishaus. Sie befanden sich alle im Umfeld dieser landschaftlichen Umgebung. Die Schulen hatten ihren Platz in der Nähe vom Fenishaus, ein bisschen weiter unten. Nach dem großen Willkommensgewölbe wurde ein Foto von jeder Schulklasse gemacht. „Diese kommen in die Schlössli-Zeitungen", erklärte mir jemand. Nach der großen Foto-Aktion sagte ein Lehrer zu Cindya: „Cindya, nimm doch bitte Soriya mit. Sie ist neu und weiß noch nicht, wo unser Klassenzimmer ist."

Um uns herum standen viele Kinder und Jugendliche aus sämtlichen Klassenstufen. Alle stürmten die breite Strasse runter zu den Schulräumen. Ich folgte Cindya in ein älteres, großes Holzhaus, wo sich unser Klassenzimmer neben dem der Achtklässler befand. Christophe Zuber, unseren Lehrer, durften wir von Anfang an duzen. Das war die übliche Umgangssprache im Schlössli. Für mich zwar etwas ungewöhnlich, aber dort anscheinend normal. Ob Heimleiter oder Lehrer/in, ob Erzieher/in oder Betreuer/in – es sollte uns das Zusammenleben erleichtern, hieß es. Die Schulfächer wurden in Epochen, Vorträge, Lager, Übungsstunden, Nachmittagsepochen und Donnerstagswerken unterteilt. In der Epoche befassten wir uns während mehrerer Wochen mit einem bestimmten Thema, wie beispielsweise mit der Geographie und Wirtschaft Europas, Ernährung, Chemie, Geometrie, Physik, Renaissance und mit der Einführung der Algebra. Die Vorträge dienten uns zur Vorbereitung für das große 9.-Klass-Diplom. Davon gab es viele. Unter Übungsstunden waren die üblichen Schulstunden wie Deutsch, Französisch, Rechnen, Turnen und Eurythmie zu verstehen. Die Nachmittagsepochen und das Donnerstagswerken waren stets frei wählbar. Von diesen gab es meistens eine große Auswahl. Immer wieder fragte ich Christophe: „Ist das jetzt wieder ‚richtig Schule'?" – Ich liebte das Auswendiglernen, Schreiben und Zeichnen. Ich wollte mehr Französisch und Englisch lernen. Das, obwohl ich große Mühe hatte, ruhig, fließend zu schreiben, weil meine Hände nicht immer so konnten, wie ich wollte. Ich schrieb rechts.

Am 24. August 1992 folgte ein Kanulager. Wir fuhren gemeinsam mit dem Zug nach Le Locle, wo wir als erstes ein Museum besuchten. „Nehmt eure Zeichenblöcke hervor", sagte Christophe. „Ich will, dass ihr einiges vom Museum in eueren Zeichnungen festhaltet." – Er liebte das Zeichnen und Skizzieren. Schöne Objekte gab es hier genug. Nach einigen Stunden marschierten wir weiter. Bis zum Zeltplatz war es noch weit.

Nach zirka zwei Stunden Fußmarsch mochte ich kaum noch laufen. Endlich erblickten wir Zelte. Eine schöne Begrüßung erwartete uns. „Hallo, seid ihr gut gereist?", fragte ein Mann. „Ja, sie sind alle sehr durstig. Hast du ihnen die Getränke bereit", hörte ich Christophes Stimme fragen. „Ja, kein Problem! Dafür haben wir gesorgt", antwortete ein anderer. Es befanden sich viele Menschen auf dem Zeltplatz. Höchstwahrscheinlich Feriengäste. Durstig trank ich gleich zwei Becher leer. Kaum hatten wir aber ein bisschen Pause, ging es schon weiter ran an die Säcke, oder besser gesagt, Zelte. „So, jetzt geht's ans Zeltaufbauen, Leute. Wir wollen diese Nacht noch schlafen können", sagte Christophe und klatschte in die Hände. Ein leises Stöhnen war von allen Seiten zu hören. Ich baute ein Zelt mit zwei Kolleginnen auf. Wir hatten ein ziemlich großes, braunes Zelt. Genug Platz für drei Mädels. Danach wurden wir schon bald zum Abendessen gerufen. Müde schlief ich in dieser Nacht ein.

Doch die Nacht dauerte nur kurz. „Guten Morgen miteinander. Es ist Zeit aufzustehen. Die Sonne lacht" (was mit dem Tageswetter nicht ganz übereinstimmte), weckte uns Christophe schon früh wieder auf. „Marsch, marsch. Raus aus den Federn! Die Olympiade wartet." – Alle krochen müde aus ihren Zelten. Christophe war schon dabei sich aufzuwärmen. Dabei fiel mir gleich ein Sprüchlein ein: „Sport am Morgen vertreibt Kummer und Sorgen. Na ja." – Nach dem anstrengenden Training folgte dafür ein reichhaltiges Frühstück.

Dann war es endlich soweit: Wir durften in die Kanus und Kajaks. Vorher gab uns der Kanu- und Kajak-Trainer noch einiges Wissenswertes mit auf den Weg: „Zur Vorbeugung vor Gefahren müsst ihr alle stets zusätzlich zum Badeanzug eine Weste tragen. Das dient zu eurem Schutz. Denn das Kanu- oder Kajak-Fahren ist nicht immer so ungefährlich, wie manche denken, und man kann leicht kentern. Ihr bekommt jetzt auch alle so ein Pedallon. Damit dürft ihr nicht herumspielen. Denn das hat schon manche Verletzungen gebracht. Besonders während der Fahrt. Ihr seid die ersten paar Tage zum Training nur in diesem Gewässer. Der Doubs ist sehr lang. Ihr kommt noch früh genug dazu, ihn zu erkunden. So, nun könnt ihr eure Modelle außuchen: Kanu oder Kajak?" – Ich wählte mir das Kanu aus. Das schien mir sicherer zu sein, weil wir dabei zu zweit waren.

Nach dem ersten kurzen Fahrtraining auf dem Doubs besuchten wir am Nachmittag die Schokoladenfabrik Klaus, wo wir wieder einiges abzeichnen mussten. Zur Belohnung für den Fleiss bekamen dafür alle ein Extra-Eis. Christophe verkündete dazu: „Da ihr heute so gut mitgemacht habt, schenke ich euch den Rest der Zeit." – „Judihui!", erklang es von allen Seiten. Eine Kollegin fragte mich: „Soriya, hättest du Lust, mit uns zur Bank zu gehen. Weißt du, Franziska muss noch Geld wechseln." – „Klar komme ich mit", stimmte ich zu. Sie wollte schweizerisches in französisches Geld wechseln. Wir liefen gemeinsam bis in die Stadt hinein. Am Bankschalter äusserte Franziska ihren Wunsch bei der Bankangestellten: „Guten Tag. Ich hätte gerne französisches Geld für schweizerische Franken. Können Sie mir bitte wechseln?" – Aber, oh Gott! Die Bankangestellte verstand überhaupt kein Deutsch. Unverständliche Worte drangen durch den Raum: „Comment? Ce n'est pas ici! …" Nach langen unverständlichen Sätzen kam endlich ein Mann zu uns rüber und erklärte: „Sie kann das Geld nicht wechseln." – Also gingen wir eben ohne französisches Geld wieder raus. So ein Pech aber auch!

Am nächsten Tag wurde das Kanu- und Kajakfahren schon anstrengender. Nachmittags machten wir zwischendurch ein paar Spiele auf dem Doubs. Nach einer Woche wirklich hartem Training verkündete Christophe: „So, nun seid ihr soweit. Heute werden alle Zelte abgebaut. Die Kleider kommen in die Fässlis und alles andere notwendige Material auch. Der Rest geht weg. Ihr bekommt alles am Ende dieser Reise zurück. Alles verstanden?" – Ein nicht gerade begeistertes „Ja" erklang. Niemand hatte die größte Lust, bei Wind und Wetter alles abzubauen. Aber es gab keine Widerrede. Und wenn, dann wurde es nicht akzeptiert.

Nun ging es auf die große, unberechenbare Fahrt über den wild gewordenen Doubs. Im Auto wurden wir mit den Booten noch ein rechtes Stückchen chauffiert, bis zu einer Stelle, wo wir alles zu Wasser ließen. Der Doubs sah nicht gerade so ruhig und friedlich aus, wie wir es uns für diesen Tag erhofft hatten. Außerdem regnete es und das nicht gerade sanft. Aber es gab kein Zurück. Nach anstrengender, nasser Fahrt standen wir verfroren und hungrig unter einem Dach. „Brrrrrr!" – Aber wir mussten nochmals bis zum gegenüberliegenden Ufer fahren, wo wir in einem Bunker übernachten durften.

So ging es tagtäglich weiter. Stets ohne zu wissen, wo der nächste Halt sein würde. Am zehnten Reisetag kamen wir wieder in starke Strömungen, zwischen großen Steinen. Das Wasser peitschte nur so vor sich hin. Auf einmal kenterten gleich drei Kanus. Die Fässer mit den Kleidern trieben wild davon. Einige Gekenterte versuchten sich am Rücken des Kanus über Wasser zu halten. Plötzlich lief uns Seraina weinend über die Klippen entgegen und schrie: „Hilfe, Hilfe! Haltet an! Didie ist ertrunken! Wir sind gekippt, ich kann ihn nirgends mehr finden! Haltet an!"

In diesem Moment getraute sich niemand mehr weiterzufahren. Wir hatten alle große Angst. Auf die Anweisungen des Klassenlehrers zogen alle ihre Boote aus dem Wasser. Die Gestürzten konnten sich mit ein wenig Hilfe selbst aus dem Wasser ziehen. Es dunkelte bereits. „Gibt es Verletzte?", fragte eine Stimme. „Bis jetzt noch nicht", antwortete eine andere. Weiter unten rief jemand laut: „Hier, hier, Didie ist hier! (zu Didie gewandt) Didie, geht es? Bist du verletzt?" – Didie nickte nur stumm. Der Sturz hatte ihn sehr mitgenommen. Aber er hatte sich keine weiteren großen Verletzungen geholt. Ein Glück! In dieser Nacht fanden wir in einem Bauernhof trockenen Unterschlupf. Was für ein Tag!

Am Schluss unserer stürmischen Fahrt, ich zählte bereits den zwölften Tag, stiegen wir unter strömendem Regen in Saint-Ursanne aus und liefen zu einem weiteren Bunker. Dort lagerten die Fässer mit unseren trockenen Kleidern. Wir zogen uns alle frisch und warm an. – „Die nächsten paar Tage wandern wir", erklärte uns Christophe. „Aber jetzt habt ihr euer Abendessen im Restaurant richtig verdient." – Ja, hungrig waren alle. In den folgenden Tagen wurde also nur noch getrampt. Die Übernachtungen folgten immer überraschend. Meistens unter freiem Himmel oder in leere Scheunen. Tja, wir hatten einen sehr abenteuerlichen

Klassenlehrer! Diese spannende Reise dauerte ganze 16 Tage! Dazu war das Reisetagebuch eine Pflicht. Damit beschäftigte ich mich nach dieser Reise noch tagelang.

* * *

Eines Abends nach unserer großen Reise hörte ich in meinem Wohnbereich schöne Klänge. Sie kamen aus Simones Zimmer. Leise trat ich näher. Ich sah, wie Simone auf einem recht großen Saiteninstrument spielte. Vor Angst, Krach zu machen, blieb ich vor der offenen Türe stehen. Es klang so schön. Da bemerkte mich Simone: „Komm ruhig rein, Soriya. Gefällt dir die Musik?“, fragte sie mich. – Ein leises „Ja“, kam aus mir heraus. – „Willst du es auch gerne versuchen darauf zu spielen?“, fragte sie weiter. – „Ja, gerne. Darf ich?“, antwortete ich erfreut. Simone lächelte und ließ mich auf ihrem Stuhl Platz nehmen.
Sie gab mir das Instrument in die Hände beziehungsweise Arme. Ich musste es so halten, als hielte ich ein Baby in den Armen. Ich fragte: „Was ist das für ein Instrument, Simone?“ – „Eine Leier“, antwortete sie. Sie erklärte mir: „Schau, siehst du, wie die Saiten versetzt sind? Die vorderen spielst du mit der rechten Hand, die hinteren mit der linken. Jetzt versuch mal!“ Ich nickte und versuchte es. So erklangen die ersten Töne. „Das klingt so schön, Simone“, sagte ich. Darauf Simone: „Willst du es gerne erlernen? Ich hätte noch eine kleinere. Dann könnten wir ja zusammen mal im Gewölbe vorspielen oder sogar nächstens in der Adventszeit. Was hältst du davon?“ – „Oh ja, sehr gerne!“, willigte ich mit Freude ein.
Seitdem übten wir jede Woche einige Stunden zusammen. Sogar zweistimmig. Nach wenigen Wochen hatte ich drei Lieder im Griff. Ich spielte sie Christophe vor. „Das klingt sehr schön, Soriya. Besonders ist es sicherlich gut für deine Hände“, bekräftigte er mich. „Mach weiter so!“

Foto 11: An einer Quartalsfeier in Ins. Unsere Klasse tanzte meistens etwas vor, wie auf diesem Bild. Mein Tanzpartner war immer Mathias (rechts im Bild). Vielleicht deshalb, weil wir beinahe die gleiche Große hatten …

10. Heimgehwochenende mit Schrecken

Jedes zweite Wochenende, am Freitag nach der Schülerkonferenz, durfte ich nach Hause zu meiner Familie nach Biel. An einem dieser Wochenenden war aber irgendetwas anders als sonst. Als ich in unsere Wohnung eintrat, saßen bereits viele Menschen in der großen Stube auf mehreren ausgelegten Matten. Ich kannte sie nicht alle; es waren zu viele. Ich verstand überhaupt nicht, was das sollte. Ich wollte doch nur in mein Zimmer, kam aber nicht rein. Erst wenig später zog mich eine Tante zu sich und deutete mir, in die Mitte der Menschenmenge zu schauen. Da erblickte ich meine weiß gekleidete Großmutter, die Geschenke entgegennahm, und eine Frau, die ihr Haar genau wie sie geschoren hatte und genauso weißgekleidet war. Erst beim näherem Hinsehen bemerkte ich, das diese Frau ja meine Mutter war! Sie hatte einen so ungewöhnlichen, komischen Blick.
„Was ist mit ihr? Was ist mit ihr los?", fragte ich leise und ängstlich. – „Sie ist krank", antwortete mir meine Tante. „Sie wird eine Zeit lang bei Großmutter wohnen. Du musst nicht traurig sein, wenn du merkst, dass sie dich nicht erkennt. Das kommt sicher wieder!"
Seitdem lebte meine Familie in einer sehr angespannten Lage. In der Schule wollte es mir auch nicht besser gehen. Ständig klaute mir eine Mitschülerin und Mitbewohnerin irgendwelche Sachen, die ich brauchte, wie das Etui, die Brille und anderes. Zwar bekam ich meistens dank Simone alles wieder; aber es war so mühsam!
Weil mir dieser zusätzliche Unfug noch größeren Kummer bereitete, wollte ich mich von all dem einfach abkapseln und mich nur noch für die Schule, für meine Zukunft einsetzen. Das schien mir das Allerwichtigste zu sein! Durch diese Situation ass ich aber immer weniger. „Wie ein kleiner Spatz", sagte Simone. Meine rechte Hand fing immer mehr zu zittern an. Im Frühjahr 1993 zitterte sie so sehr, dass ich nur noch mit großer Mühe ruhig schreiben konnte. Neben der Schule besuchte ich seitdem zusätzlich die Physiotherapie bei Wibke. Zusammen machten wir verschiedene Übungen, die meinen Händen sicherlich gut taten.
Es blieb aber nicht sehr lange unbemerkt, dass ich immer weniger und weniger aß und immer mehr abnahm. Aufgrund meiner Ablehnung zum Essen brachten sie mich zum Psychiater. Wenn ich da vielleicht mit ihm

alleine gewesen wäre, das wär ja noch o.k. gewesen. Aber es kam die ganze Crew mit! Unsere Hausmutter vom Rosenhof, die Krankenschwester vom Schlössli, Simone und meine Eltern. Anwesend war nebst dem Psychiater auch noch sein Assistent. Sieben Personen zu einem Gespräch für eine Person, das war mir doch eine Spur zuviel. Ich bekam kaum ein Wort heraus. Aber der Psychiater hätte auch ein bisschen freundlicher sein können. Anstatt sanft ranzugehen, fing er mit harten Bandagen an: „Warum nimmst du ab? Hä?" – „Ich weiß nicht", antwortete ich kleinlaut. „Irgendwas steckt mir im Hals, so dass ich einfach nicht viel runterbringen kann." – „Das glaube ich dir nicht", widersprach er mir. „Du kannst essen, willst es nur einfach schlichtweg nicht, ist es nicht so!?"
Darauf antwortete ich überhaupt nichts mehr. Das war zuviel! Gleich mit einer Behauptung anzufangen, da hätte ich überhaupt nicht zu kommen brauchen. Erst beim zweiten Gespräch, mit seinem Assistent alleine, konnte ich mich ein bisschen mehr öffnen und über vieles, was mich bedrückte, reden. Das tat gut. Aber es änderte nicht viel an meinen Essgewohnheiten.
Als ich ein weiteres Mal zum Arzt, Dr. Bettler, gehen musste und er mich erneut auf die Waage stellte, kamen nur noch 31 Kilo zum Vorschein. Ich hatte bereits 18 Kilo abgenommen. Für Dr. Bettler hatte ich damit das Limit erreicht. „Soriya, noch ein Kilo weniger und wir stecken dich ins Spital! Das ist kein Scherz oder Spaß mehr!", sagte er mit ernster Stimme und Miene. Darauf flehte ich ihn an: „Bitte, bitte, nicht ins Spital! Da versäume ich wieder so viel Schulzeit! Dort war ich doch schon so lange." – „Das liegt ganz in deinen Händen", gab er mir zur Antwort. „Nimm wieder langsam aufs Normalgewicht zu und es wird nicht soweit kommen!" – Seitdem versuchte ich stets ein bisschen mehr zu mir zu nehmen. Denn wegen einem solchen Unsinn noch mal ins Spital und wieder Zeit zu schinden, das wollte ich wirklich nicht. Ich wollte doch nur meine Ruhe für die Schule finden. Aber das war wohl nicht gerade der richtige Weg.

* * *

Nach den Sommerferien begab sich unsere Klasse zu einem großen Wanderlager: vom Schwarzwald in Deutschland nach Ins. Aufgrund einer

Grippe schaffte ich es nicht gleich vom ersten Tag an mitzuwandern. Ich reiste erst am Donnerstag, in der Begleitung einer Betreuerin (Sophia) nach. Wir mussten mit dem Zug nach Frankreich fahren, wo wir meine Klasse (Giovanni-Segantini-Klasse) bei einem Ausflug treffen sollten.
An der Grenze gab es aber große Probleme! Sophia kam zwar ohne Probleme hindurch, aber bei mir hieß es: „Ohne Visum kein Durchgang!" – So ein Pech. Was nun? Sophia versuchte verzweifelt den Beamten zu erklären: „Aber … entschuldigen Sie. Wir sind Nachreisende einer Klasse, die in Frankreich auf uns wartet. Bitte, lassen Sie uns durch!" – Die Beamten blieben aber stur: „Non, non, non! Sans visa, pas de passage." – Sophia kam zu mir rüber. „Ich muss schnell Christophe anrufen. Wartest du bitte kurz auf mich?" Sie ging gleich in die offene Telefonkabine neben dem Schalter. In dem Bahnhofsrummel verstand ich kaum ein Wort, was sie sprach.
Auf einmal winkte uns einer der Beamten zu sich. Sophia sprach noch die letzten Worte ins Telefon: „Du, ich glaube, sie haben es doch verstanden. Bis gleich." – Ja, sie ließen uns durch.
Es folgte eine heiße und recht lange Zugfahrt. Simone gab mir vor der Reise einen schönen Sonnenhut mit, damit ich mich vor der Sonne schützen konnte. Im Zug war es so „tüppig", dass ich diesen abnahm und auf meinen Schoss legte. Am Ziel angekommen ging alles sehr schnell. Draußen musste ich feststellen, dass ich meinen Sonnenhut nicht mehr bei mir hatte. „Halt, halt, Sophia! Ich habe meinen Hut nirgends! Ich glaub, ich hab ihn im Zug vergessen … Oh, nein!! Jetzt fährt er ab! Was soll ich nun machen? Bei dieser Hitze ohne Hut! Das erträgt mein Kopf doch nicht", stöhnte ich verzweifelt. – „Komm, Christophe wird bestimmt eine Lösung finden", beruhigte sie mich.
Am Treffpunkt angekommen saßen bereits alle beim Picknick. Ich setzte mich auf der Wiese in einen schattigen Platz, während Sophia mit Christophe sprach. Wenige Minuten später kam Christophe zu mir, mit einem neuen, ähnlichen Sonnenhut. Einem fast so schönen wie der von Simone. Einem, den man ebenfalls auf beiden Seiten tragen konnte, mit schönen Wassermustern. Auf der einen Seite waren die Muster dunkel- und hellblau, auf der anderen schwarz und grau. Sophia verabschiedete sich: „Bye bye, und viel Glück für die Reise!"
Mit der Klasse fuhr ich im Bus nach Freiburg und mit dem Zug nach

Hinterzarten, wo für mich die große Wanderung begann. Zum Abendessen gab es Spagetti, fein. Am nächsten Tag planten wir, von Hinterzarten bis zur St. Wilhelmer Hütte zu wandern. Das Wetter dazu war regnerisch und kalt. Weil wir so weit auseinander liefen, verloren wir unterwegs Simon. Didie und Maria (Christophes Frau, die uns auf dieser Wanderung begleitete) mussten zurück, um ihn zu suchen. Ich lief mit den anderen weiter bis zur St. Wilhelmer Hütte, einem alten Ziegenstall mit Tischen und Stühlen. Dort durften wir zu Abend essen.
Auf einmal traten Simon, Didie und Maria zur Türe rein. „Hallo zusammen", ertönte es. Ha, waren da alle froh! In dieser Nacht schliefen wir auf richtigen Betten. So ging die Reise weiter. Täglich wanderten wir 18 bis 28 Kilometer weit. Ob Regen oder Sonnenschein, wir mussten immer mit dem ganzen Gepäck (Reiserucksack, Schlafsack und Isomatten) hindurch. Unser Schlafplatz war nicht immer organisiert. Den mussten wir uns zusätzlich suchen. Da kam es schon häufig vor, dass wir bei trockenem Wetter draußen übernachteten.
Unterwegs besuchten wir das Goetheanum. Was für ein Gebäude! Groß und mächtig. Dieses hielt ich schön farbig in meinem Reisetagebuch fest. Am 15. Wandertag regnete es in Strömen. Wir kämpften uns bis zum Rosenhof durch, wo man uns bereits mit einem feinen Abendessen erwartete. Auf dem Jodel (bekannter Hügel in Ins) angekommen, sprangen alle nur noch johlend den Hang hinunter. Denn wir wollten so schnell wie möglich ins Warme. Im Rosenhof gab es als erstes gleich einige große Umarmungen über das glückliche Wiedersehen. „Nun habt ihr sicher alle Hunger", sagte die Hausmutter. „Wir haben bereits für alle gedeckt. Ihr könnt euch gleich hinsetzen." – Ich setzte mich mit meinen „pflotschnassen" Kleidern neben Simon. Zwar ein bisschen ungemütlich, aber glücklich. Nach diesem feinen Essen nahm ich gleich ein warmes Bad. Ah, das tat gut, nach fast zwei Wochen ohne richtiges Duschen oder Baden!
Anschließend, am Sonntag, begaben wir uns weiter zu einer einwöchigen Klettertour. Dr. Bettler verbot mir zwar daran teilzunehmen, aber Christophe wollte dies nicht ernst nehmen. Es führten uns schließlich tolle Kletterexperten. Sie lehrten uns alles, was wir wissen mussten. Wir übten zuerst an einer Plastik-Kletterwand und an einer steilen Felswand mit richtigen Kletterseilen und Haken. Dafür trugen wir spezielle Klet-

terschuhe und Klettergestelle. Auf der großen Tour wurden wir in drei kleinere Gruppen aufgeteilt. Mit je einem Experten als Führer wurden wir aneinander geseilt. So ging es spannend voran. Am Ziel angekommen jubelten alle voller Freude. Wir hatten es gemeinsam geschafft!

Foto 12: Bei einem Training an einer Felswand, vor der großen Klettertour.

Die Planung für das 8.-Klass-Theater folgte. Zwischen verschiedenen Szenen und Stimmübungen entschieden wir uns schließlich für „Die 1-Million-Pfund-Note“ von Mark Twain. Norga, die Theaterlehrerin, stand uns zur Seite. Eine sympathische und nette Person. Jede/r Einzelne kam bei ihr in einem stillen Raum zum Stimmtest an die Reihe. Dies diente dazu, abzuklären, wer für welche Rolle geeignet war. Ich hatte schon damals eine sehr feine Stimme. „Ich sehe in dir die Verkäuferin. Die Kleiderverkäuferin bei der Prinzipalin. Was denkst du? Bist du auch dieser Meinung?“, fragte sie mich. – „Au ja!“, antwortete ich zufrieden. „Diese Szene gefällt mir sehr gut. Zudem ist sie witzig!“ – So übten wir, Norga und ich, gemeinsam an meiner Stimme. Mit der Zeit fingen wir an, in kleineren Gruppen zu üben. Die ganzen Sprach- und Spielübungen verliefen im Druidenhofsaal. Dort fand später auch das Theater statt.
Die Hauptprobe wurde mit Kostümen gespielt, denn wir sollten uns darin schließlich wohl fühlen. Norga schminkte uns dafür so richtig. Die vier großen Vorstellungen waren für Mai 1994 geplant. Vor der ersten großen Aufführung herrschte unter uns eine leicht aufgeregte Stimmung. „Wie viele Leute werden wohl kommen?“, fragte Mathias. „Sicher viele!“, antwortete Roland. Während das Publikum bereits im Saal Platz nahm, kamen wir durch den Hintereingang in den Umkleide- sowie Warteraum. Das Theaterstück wurde in vielen Szenen inszeniert. Dazwischen gab es Musik von einer Pianistin und einem Geigenspieler.
Die Geschichte handelte von zwei Millionären, die eine Wette schließen: Ein armer Schlucker soll eine 1-Million-Pfund-Note geschenkt bekommen und wetten, dass er, obwohl er nichts ausgibt, zu allem kommt, was sein Herz begehrt. – Unser Kleidergeschäft war ein sehr vornehmes Geschäft. Als der Bettler eintrat, belächelten wir ihn von der Seite. Die Prinzipalin (Chefin) befahl mir und meiner Kollegin, ihn nach seinem Stil neu einzukleiden. Das Grinsen konnten wir uns nur schwer verkneifen. Meine Kollegin brachte ihm eine zu enge Jacke. Mühsam zog er sie an. Es sah scheußlich aus. Aber ich, ich wusste nichts Besseres und gab meinen Senf dazu: „Diese Jacke passt ja ausgezeichnet. Und diese Hose (ich hielt sie vor ihm – eine viel zu breite) ist doch genau das passende Stück dazu.“ – Das sah köstlich aus. Bei diesem Anblick schaffte es wirklich niemand, sich das Lachen zu verkneifen (außer die Schauspieler). Am Schluss, beim Happyend der Geschichte, traten alle nochmals auf

die Bühne und sangen gemeinsam das Schlusslied. Viel Applaus folgte diesem Spiel und mehrere tiefe Verbeugungen.

Foto 13: Das abschließende gemeinsame Lied. In einem violetten Kleid stand ich mit erhobenen Händen in der Mitte. Rechts (im roten Kleid) und links von mir stehen meine Kolleginnen aus dem Kleidergeschäft. Die junge Frau ganz rechts im Bild im helleren Kleid spielte die Tochter von einem der Millionäre, die die Wette abgeschlossen hatten.

11. Die rechte Hand will nicht mehr

Meine Gedanken drehten sich nun um die Diplomarbeit. Im kommenden Schuljahr, 1994, war es soweit. Aber was für ein Thema sollte ich wählen? Die ersten Gedanken flossen dem Buddhismus zu. Aber wen könnte ich als Diplomgotte nehmen? Wer hätte dazu viel Erfahrungen und könnte mich unterstützen? Ein Informationsbuch alleine würde nicht genügen. Ich studierte lange hin und her, ließ mich zudem von Simone beraten. Eines Abends fragte sie mich: „Soriya, würde dich vielleicht das Thema Heilpflanzen interessieren? Bugi (Ruth Buchmann, Heileurythmie) hilft dir bestimmt gerne dabei." – „Hm, du hast recht. Das wäre sicher ein interessantes Thema. Ich will es mir überlegen", antwortete ich ein bisschen unschlüssig. Nach wenigen Tagen, gefiel mir das Thema immer besser. So fragte ich Bugi: „Bugi, würdest du meine Diplomgotte sein, zum Thema Heilpflanzen?" – „Ja, gerne will ich deine Diplomgotte sein", bestätigte sie mir. Das war doch schon ganz erfreulich.
Allerdings fing meine rechte Hand immer mehr zu zittern an, so dass ich kaum noch ruhig und fließend schreiben konnte. Christophe versuchte mich ständig dazu zu überreden, dass ich es links versuchen sollte. Ich hatte aber einen ziemlichen Sturkopf und sträubte mich dagegen. „Nein, nein, nein! Ich bin Rechtshänderin und das will ich bleiben. Meine ganze Familie schreibt rechts und ich will nicht anders sein!", wehrte ich mich. Kurze Zeit später sprach ich meine Physiotherapeutin darauf an: „Wibke, was denkst du? Siehst du Fortschritte in meiner rechten Hand oder hat es wirklich keinen Sinn mehr? Kann es besser werden oder muss ich wirklich auf links umstellen? Christophe lässt mir damit keine Ruhe und ich will doch eine ganze Diplomarbeit schreiben können." – „Wir können gut einmal rauf in meine Wohnung gehen und einen Schreibtest machen", gab sie mir als Vorschlag.
Gesagt, getan. Ich bekam einen leichten Stift in die rechte Hand gedrückt. Auf dem holzigen Tisch lag bereits ein weißes Papier. Ich fing an zu schreiben. Zuerst buchstabenweise, dann vereinzelte Wörter. Aber, oh Schreck! Wie sah das alles nur aus? Zittrig wie nie zuvor! Ich versuchte es links. Erstaunlich, diese Hand blieb viel ruhiger. Dann noch einmal rechts und noch einmal links. Am Schluss stellte Wibke fest: „Soriya, es ist kein Zweifel mehr. Die rechte Hand schafft es nicht. Du musst links

schreiben." – Das war hart! Hart zu nehmen und hart zu verstehen. Ich sank völlig in mich. Die ganzen Hoffnungen zur Wiederkehr der rechten Hand waren verstrichen, abgeblockt. Es war alles für nichts. Daraufhin fragte mich Wibke: „Willst du, dass ich Simone anrufe und sie dich abholt? – Ich nickte nur stumm.
An diesem Tag ging ich überhaupt nicht mehr in die Schule. Stattdessen kaufte mir Simone auf dem Heimweg in einer Papeterie einen Linkshänder-Füller. „Du darfst ihn dir selbst außuchen", sagte sie. Ich begutachtete sie alle genau. Es musste eine Farbe sein, die mir gefiel. Schließlich entschied ich mich für einen türkisfarbenen. Zu Hause setzte ich mich an den Tisch und fing sofort zu üben an. Meine linke Schrift wurde schöner und schöner. Am Schluss der Woche schrieb ich Christophe einen kurzen Brief:

Lieber Christophe
Ich habe es mir anders überlegt.
Ich will nun doch versuchen links zu schreiben.

Liebe Grüße Soriya

PS: Diesen Brief habe ich mit der
linken Hand geschrieben.

Vor den Sommerferien bereitete ich mit Bugi bereits einige praktische Arbeiten für meine Diplomarbeit vor. Wir arbeiteten oft in ihrem Heilkräutergarten. Da duftete es so herrlich. „Soriya, du kannst dir jetzt 20 Heilpflanzen außuchen, mit denen du dich näher befassen willst", riet sie mir. – „Was? Nur zwanzig? Ist das nicht zu wenig?", fragte ich ungläubig. – „Ja, über wie viele willst du denn schreiben? Die Auswahl ist riesig. Zudem kannst du die Anwendungen der Pflanzen und Rezepte dazu schreiben. Einige davon werden wir zusammen zubereiten", erklärte sie. – „Hm, doch, du hast recht. Zwanzig sind genug", willigte ich ein.
Nach der Schule arbeitete ich nun zusätzlich im Kräutergarten und in der Kräuterkammer, wo die Pflanzen getrocknet und verarbeitet wurden. Ich lernte sehr viel. Wir bereiteten zusammen verschiedene Teekräuter zu, nähten Duftkissen, mischten eine Ringelblumensalbe und vieles mehr.

Am Ende dieser Zusammenarbeit band ich all meine Kenntnisse und Erfahrungen, die ich mit Bugi sammeln durfte, in mein Diplombuch. Die Ausstellung unserer Arbeiten rückte immer näher. Alle durften sich einen Platz im Schulzimmer außuchen, wo sie ihre Arbeit außtellen mochten. Ich wählte mir einen schönen Platz unter dem Dachfenster aus. Mein Pult bekam ein blaues Tischtuch. Zu meinen schriftlichen und praktischen Arbeiten gesellten sich einige duftende Heilpflanzen. Es roch wunderbar.

Während dieser Ausstellungszeit, vor den großen Vorträgen im Juni 1995, gönnte sich unsere Klasse die letzte gemeinsame Reise. Eine zehntägige Reise nach Italien. Dort konnten wir uns alle so richtig entspannen. Singend und ausgeruht fuhren wir nach diesen erholsamen Tagen zurück nach Ins. Die nächste Frage wartete aber nicht lange auf sich: „Wer will mit den Vorträgen anfangen?“ – Es standen uns drei Tage zur Auswahl: Freitag, Samstag und Sonntag. Ich wählte mir den Samstag aus. Jede/r bekam genug Zeit zur Verfügung. Neugierige und gespannte Gäste füllten den großen Druidenhofsaal. Eine Anmeldung war allerdings erforderlich, denn die Plätze waren beschränkt. Nach meinem dreiseitigen Vortrag, den ich völlig frei hielt, bekam ich plötzlich starke Bauchschmerzen. – „Wahrscheinlich ist das die Aufregung danach“, sagte mir die Krankenschwester Helen. Das Diplom bestanden aber zum Glück alle.

* * *

Neue Frage: „Wie geht’s jetzt weiter? Wohin führt mich mein Weg?“ – Simone sprach mich auf die Rudolf-Steiner-Schule in Biel an: „Du erinnerst dich sicher noch. Wir waren zu ihrem Basar dort. Würde es dir gefallen?“ – Ich überlegte es mir. Das würde auch heißen, dass ich wieder zu Hause bei meiner Familie wohnen würde. Eine kleine Angst überfuhr mich. Aber es war die Möglichkeit zur Wiederkehr. – „In Ordnung, Simone. Ich schau mir das mal an.“ – Daraufhin bekam ich die Möglichkeit, in dieser Schule drei Tage zu schnuppern. Es gefiel mir auf Anhieb. Denn ich merkte: Hier wird mein Wissen gefördert. Die Situation bei mir zu Hause schien immer noch sehr angespannt zu sein. Dennoch bot mir

das Jugendamt die Möglichkeit, wieder bei meiner Familie zu wohnen, und ich nahm diesen Vorschlag an.
Ich genoss meine Sommerferien. Die Sonne strahlte herrlich. Richtig schön zum Radfahren. Wir machten einen Familienausflug. Es ging nach Täuffelen, an den See. Ich fuhr mit meiner Familie auf dem Fahrrad hin. Meine kleinste Schwester, Sovanni, geboren am 19. November 1994, durfte in einem recht großen Fahrradwagen sitzen und sich von Papa ziehen lassen. Ja, die hatte es gemütlich. In Täuffelen warteten bereits unsere Verwandten auf uns. Ein großer Teil fuhr wegen des Materials mit dem Auto hin.
Bei unserer Ankunft brannte das Feuer bereits. Mein Papa fing gleich damit an, eine Hängematte an die Bäume zu binden. Die jüngste Tante kam zu uns rüber. Sie wollte Sovanni in die Arme schließen. Das schien meiner Mutter aber überhaupt nicht zu passen: „Lass sie, das ist meine Tochter!“, fuhr sie sie barsch an. Eine unangenehme Stimmung verbreitete sich. Als mein Papa sie zum Essen aufforderte, wurde sie richtig wütend und beschimpfte meine Tanten und Onkel mit schlimmen Wörtern. Mir schien es, als würde sie ihre Schwestern hassen und lieber die Bekannten mögen. Oder war das nur ihre Krankheit? Auf alle Fälle wäre ich am liebsten mit meiner mittleren Schwester weit weg in die Ferien gereist, anstatt unsere Mutter so krank zu sehen. Nun ja, die Ferien dauerten zum Glück nicht ewig!

12. Ich will weiterkommen!

Während der Schulzeit lernte ich häufig bis tief in die Nacht hinein. Ich hatte keine Zeit mich um weitere große Probleme zu kümmern. Oder schützte ich mich einfach davor? Das musste ich wohl, denn in der Schule lief sehr viel. Ich konnte und wollte dort mein schulisches Wissen und Können weiter festigen.
Über Mittag blieb ich jeweils in der Schule. Die Zeit reichte nicht aus, um kurz nach Hause zu gehen. In den ersten zwei Monaten verlief alles gut, außer dass mir einige Knaben mit dummen Sprüchen stets wehtun wollten. Sie lachten mich ständig aus und fragten dabei: „Ha, ha, ha, hi, hi, hi, … Sag mal, warum bist du eigentlich in unsere Klasse gekommen? Warum bist du nicht dort geblieben, wo du herkommst?“ – „Das geht euch überhaupt nichts an“, fauchte ich zurück. Ich ließ mich von ihnen aber nicht beirren oder unterdrücken. Die Mädchen hielten zu mir.
Am Dienstag, nach dem Singen, ging ich nochmals raus zur Garderobe, um mir etwas zu holen. Da stieß mich plötzlich jemand mit harter Wucht an die Steinwand. Ich drückte mich mit der Faust dagegen. Sie blutete heftig. Ich schrie: „Hör auf! Hör auf! Lass mich in Ruhe!“ – Aber der Druck wurde stärker. Die Mädchen hörten meine Schreie und kamen sofort herbeigeeilt. Es wurde lockerer hinten meinem Rücken und ich drehte mich um, konnte den Übeltäter aber nicht mehr sehen. Meine Hand blutete und es schmerzte sehr. Ich war wütend. Am liebsten hätte ich allen Jungs gewaltig eins gekickt.
Ein Glück, dass die Mädchen es schafften, mich zu beruhigen. „Du solltest aber lieber nicht alleine nach Hause“, rieten sie mir. Ursula: „Meine Mutter holt mich heute ab. Wir können dich sicher nach Hause fahren.“ – „Au ja, das wäre eine gute Idee“, stimmte Antonia zu. Und so kam es. Sie fuhren mich bis nach Hause.
Eine Woche später: Mit einigen Schulkolleginnen ging ich vom Französisch-Unterricht zur nächsten Stunde. Wir wechselten dazu das Haus und stiegen die Treppen hinunter. Plötzlich schoss etwas Hartes von oben herab und traf mich voll am Hinterkopf. Au, das schmerzte! Ich verlor völlig das Gleichgewicht und stürzte beinahe zu Boden. Schwankend stieg ich die restlichen Treppen runter. Vor dem Schulzimmer begegnete

ich Esther. Sie fragte mich besorgt: „Was ist los mit dir, Soriya? Geht's dir nicht gut? Du siehst so übel aus."
Ich erzählte ihr, was mir zugestoßen war. Antonia und Helene kamen hinzu und fragten mich gleich: „Willst du dich hinlegen?" – „Nein, nein, das muss nicht sein", kam es aus mir heraus. Das, obwohl mich mein Kopf sehr schmerzte. Frau Pedroli, unsere Eurythmielehrerin kam hinzu: „Es wäre wohl besser, wenn du Ruhe hättest." – Sie beriet sich mit Frau Aeschlimann, die mich sofort ins Kinderspital Wildermett fuhr. Mein Vater war bei der Untersuchung dabei: „Welcher Junge hat das getan?", fragte er mich völlig aufgebracht. „Dem werd ich's zeigen!"
Bei den ersten Untersuchungen sagte der Arzt: „Es sieht fast so aus, als hätte das Röhrchen einen Riss bekommen." – Bei dieser Vorstellung bibberte mein ganzer Körper. „Wir machen aber nochmal eine intensive Untersuchung um sicherzugehen." – Bei der näheren Untersuchung konnte dies ausgeschlossen werden. Ein Glück! Als Lukas, der Steinwerfer, vernahm, dass ich im Spital lag, bekam er ein äußerst schlechtes Gewissen. Er besuchte mich am nächsten Tag mit einem Glas Honig von seinem Onkel als Geschenk. Dabei entschuldigte er sich: „Sorry, ich hatte nicht gewusst, dass dich mein Stein treffen würde. Das wollte ich nicht." – „Ist schon okay", antwortete ich. Wir schwatzten noch eine Weile miteinander.
Am selben Tag besuchte mich auch mein Klassenlehrer, Herr Aeschlimann: „Soriya, ich wusste überhaupt nicht, was passiert war. Ich vernahm es erst von meiner Frau. Was du da für eine Geschichte hattest, wusste ich ebenfalls nicht. Erzähl doch mal!" – So fing ich also an: „Es passierte im Skilager Frutigen …" – Er hörte mir gebannt zu. Daraufhin: „Das ist eine sehr interessante Geschichte. Hast du schon einmal überlegt, sie aufzuschreiben?" – „Hm, nein. Darüber habe ich mir noch keine Gedanken gemacht. Das wäre bestimmt noch was", stimmte ich ihm zu. „Ich überleg es mir." – Nach diesem Spitalaufenthalt war für mich eine Woche Schonzeit angesagt.

* * *

Im November ging es ruckzuck weiter. Die Schule ließ nicht auf sich warten. Ich hatte richtig Mühe mitzukommen. Mein Gedächtnis funktionierte leider doch noch nicht so rassig wie das der anderen. Es folgten viele Proben. Uff, wie war ich froh, als endlich die Weihnachtsferien nahten!

Mein Vater (beziehungsweise Stiefvater) flog in diesen Ferien mit unserer Großmutter und ein, zwei der Tanten nach Kambodscha. Das hieß, wir hatten sturmfreie Bude. Hoppla, nicht ganz: Meine Mutter blieb zu Hause.

Den heiligen Abend feierte ich aber trotzdem nicht mit ihr, sondern mit meiner Schwester, meiner Cousine und meinem Cousin bei meinen zwei jüngeren Tanten. Ich fühlte mich sehr wohl, denn hier konnte ich mich selbst sein und musste nicht in irgendeine verantwortungsvolle Rolle schlüpfen. Wir hatten eine Menge Spaß. Die Zeit flog nur so dahin. „Ay, jetzt haben wir auch noch den letzten Bus verpasst!“, rief meine jüngste Tante aus, die uns nach Hause begleiten wollte. „Nun ja, was soll's, dann gehen wir eben zu Fuß.“ – Also nahmen wir den Weg unter die Füße. Unterwegs sangen wir verschiedene Lieder. Auf einmal fing es an zu regnen. Niemand hatte einen Schirm dabei. „Ach nein, nicht jetzt!“, stöhnte meine Tante. Mein Cousin zog seine Jacke über den Kopf und meine Cousine erblickte gleich einen Unterschlupf unter einem Dach und rannte hin. „Kommt hierher!“, rief sie uns zu. Mit schnellen Schritten folgten wir ihr.

Der Regen wollte kein Ende mehr nehmen. „Was nun?“, fragte ich. „Wir können doch nicht die ganze Nacht hier stehen bleiben. Nass sind wir eh schon.“ – „Du hast recht. Laufen wir, so schnell wir können. Dann seid ihr alle bald zu Hause“, stimmte sie mir zu. Also rannten wir, so schnell uns unsere Füße tragen konnten. Ich erreichte unseren Block pitschnass, aber zufrieden.

* * *

Am Sonntag, 15. Januar 1995, war Großputz angesagt. Papa würde am Montag von seiner großen Reise zurückkommen. Wir wollten ihm damit einen schönen Empfang bereiten. „Putz du die Fenster, ich das Bad und du die Küche“, so ging das Ganze voran. Alles wurde geputzt und geschrubbt. Am Ende setzten wir uns alle erschöpft auf das Sofa. „Ich bin kaputt!“, kam es aus mir heraus. „Und ich bin fix und fertig!“, stimmte meine mittlere Schwester ein. „Aber wir sind fertig", fügte meine Mutter zufrieden hinzu.

Am Montagabend erwarteten wir ihn voller Freude. Wir konnten es kaum erwarten ihn auszufragen, was er dort unten so alles erlebt hatte. Endlich hörten wir das Schloss knacken. Die Türe ging auf und da stand er. „Hallo, wie war's?", sprudelte es aus mir heraus. Gleichzeitig merkte ich aber, dass es ihm überhaupt nicht gut ging. Sein Gesicht war blass. „Komm, setz dich zuerst einmal", sagte meine Mutter und legte ihre Hand auf seine Stirne. „Mein Gott! Du hast ja Fieber. Deck dich zu. Ich mach dir warmen Tee." – Um viel von seiner Reise erzählen zu können, war er auch viel zu müde. „Die Reise hat ihn wohl sehr geschafft", dachte ich.

Wenige Tage später besuchte ich mit meiner Mutter und Schwester unsere Großmutter, die ebenfalls auf dieser großen Reise war. „Hallo Großmutter. Na, wie war die Reise?", begrüßten wir sie. Mit einem seltsamen Augenaufschlag grüßte sie zurück. „Na, hat er was gesagt?", fragte sie uns. – „Was sollte wer sagen?", fragte meine Mutter verdutzt zurück. – „Na, dein Mann. Hast du nicht gemerkt, das er krank ist?", fragte Großmutter weiter. – „Sicher, er hat Fieber. Warum fragst du so was?" – Die Stimme von Großmutter verfinsterte sich: „Es ist möglich, dass dein Mann Aids hat." – Ein Schock ging über unsere Gesichter. „Was, Aids?", fragte ich ungläubig. Großmutter nickte. Ihre Miene war ernst. „Er hatte mit einigen Frauen näheren Kontakt gepflegt und ihnen für das, was er brauchte, auch Geld gegeben." – „Du meinst, er hat dort unten mit anderen Frauen geschlafen und Sex getrieben?", fragte ich immer noch ungläubig. Großmutter nickte wieder. „Das ist doch unfassbar!", sprudelte es aus meiner Mutter. „Na, dem werd ich's zeigen." – „Nicht gleich so hastig, Kind. Ob er Aids hat oder nicht, ist nicht sicher. Aber ich rate dir zur Vorsicht", beruhigte sie sie.

Am Abend zu Hause gab es gleich Riesenzoff zwischen meinen Eltern. Schreckliche Schimpfwörter warfen sie sich gegenseitig zu. Meine Mutter sprach sogar von Scheidung. Das wäre schrecklich! Vor allem jetzt, wo wir schon mehr als 13 Jahre zusammenlebten. Ich betete: „Bitte, bitte, lass es nicht soweit kommen!"

* * *

In der Schule lief es seitdem vollkommen schlecht. Ach, was sag ich denn, überall! Ich fühlte mich voll als Außenseiterin. Zu meiner mittleren Schwester hatte ich ebenfalls keinen guten Draht mehr. Sie schrie mich die ganze Zeit nur an. Seitdem wünschte ich mir nur eins: so schnell wie möglich wegzugehen und irgendwo weit weg zu wohnen. Denn ich hielt ich es nicht mehr lange aus!
Wenn ich kein Tagebuch geführt hätte, wäre ich wohl schon längst nicht mehr da. Nicht mal die Weihnachtsferien konnte ich in Ruhe genießen. Am Morgen des heiligen Abends stand meine Mutter schon schlecht gelaunt auf. Meine jüngste Tante rief an. Ich nahm ab: „Ja, hallo? Hier Rim." – „Guten Morgen. Na, habt ihr gut geschlafen?", grüßte sie fröhlich. – „Ah, hallo Tante. Ja danke, es geht so", grüßte ich zurück. – „Du, ich wollte fragen, ob wir, also meine amerikanische Freundin und ich, zu euch kommen könnten, um etwas Weihnachtliches zu backen. Denn sie ist es gewohnt, Weinachten zu feiern, und es wäre doch schön, wenn wir dies zusammen bei euch ein bisschen feiern könnten. Was hältst du davon?" – „Also, ich …", fing ich an. „Nix da, nix da!", mischte sich meine Mutter ein. „Kommt gar nicht in Frage. Sie soll doch dort feiern, wo sie herkommt." – So was Herzloses war mir noch nie untergekommen. Ich ging still und stumm, aber im Herzen weinend in mein Zimmer.
Am Abend hatte ich nicht einmal mehr Lust selbst etwas zu backen. Stattdessen nahm ich meine kleinste Schwester und ging mit ihr zu einer in der Nähe wohnenden Tante, zu Tante Hieng. Sie hörte sich unsere Sorgen an und beruhigte uns: „Hört mal, Kinder! Ich lade euch für den zweiten Weihnachtsabend zu uns ein. Wie wär's damit?" – „Au, das wäre ganz toll, Tante", antwortete ich erfreut. Ich freute mich schon sehr darauf. Mindestens einen Abend, den ich in diesen Weihnachtsferien ohne Traurigkeit genießen könnte. Aber da hatte ich mich zu früh gefreut.
Am Morgen des 26. Dezembers rief mich Tante Hieng zu Hause an: „Du Soriya, ich denke, es wäre sicher besser, wenn Sovanni (meine jüngste Schwester) zu Hause bei den Eltern bleibt. So musst du und Somy nicht schon so früh wieder zurück." – Da war alles aus. Der Traum, noch einen friedlichen Weihnachtsabend zu erleben, war geplatzt. Meine Mutter veranstaltete einen mächtigen Krach. So kamen wir zum Schluss, alle daheim zu bleiben. Damit war für mich auch die ganze Feierlichkeit verdorben. So was von mies, dass es immer wieder Menschen gibt, die

einem keine Freude gönnen und meinen, so wie es ihnen geht, müsse es den anderen auch gehen. Einfach wahnsinnig.

* * *

Im April 1997 erwartete mich das Berufsberatungsgespräch. Nach der Begrüßung fragte mich Frau Piller: „So, hast du dir schon Gedanken für den Sommer gemacht? Du bist jetzt ja 18, nicht wahr?" – „Ja. Also, ich würde mich gerne schulisch weiter fördern lassen. Die Steinerschule bietet auch die 11. und 12. Klasse an. Nur, finanziell sieht es für mich ein bisschen schlecht aus." – „Ja, da hast du recht. Die Stadt zahlt nicht mehr, weil du jetzt eben volljährig bist. Willst du vielleicht nicht doch diese hauswirtschaftliche Ausbildung in Betracht ziehen?" – „Äh, das ist nicht ganz das Wahre." – „Aber es dient dir sicherlich als guter Boden für deine Zukunft", versuchte sie mich zu überzeugen. – „Aber ich will nicht als Putzfrau enden!", fuhr ich hoch. – „ Das musst du auch nicht. In dieser Ausbildungsstätte gibt es verschiedene Möglichkeiten", lenkte sie ein. „Willst du dort mal zwei Wochen schnuppern gehen? Es muss ja noch nichts entschieden sein. Aber das Beste ist: Das Wohnen und Essen wird dir dort bezahlt." – „Also gut. Einfach mal schnuppern, was kann dabei schon schief gehen?", willigte ich ein. Aber speziell freute ich mich nicht darauf.
Nach meinen Frühlingsferien war es soweit. In diesen zwei Wochen hatte es ein weiteres Mädchen, das ebenfalls schnupperte. Wir teilten uns ein Zweierzimmer. Wie es im Haushalt eben ist, musste ich dort waschen, bügeln, kochen, nähen, putzen und im Garten helfen. Es gefiel mir zum Teil recht gut, zum Teil überhaupt nicht. Aber so ist es halt im Leben. Es kann einem ja nicht immer alles gefallen.
Beim Auswertungsgespräch bekam ich trotz allem nur Gutes zu hören. „Wir würden uns freuen, Sie im Sommer bei uns aufzunehmen", verkündete der Heimleiter. Aber dies schien meiner Mutter überhaupt nicht zu passen. Für einen solchen Pfusch von Ausbildung soll ihre Tochter wieder weg? Sie sah das Ganze als völlig nutzlos an. „Ja, Frau Rim, aber es soll nicht heißen, dass Ihre Tochter auf diesem Beruf bleibt. Wenn sie sich hier steigert, könnte sie auch eine weitere auswärtige Ausbildung anhängen", beruhigte er sie.

Doch sie gab nicht nach und machte einen riesigen Aufstand. Das stimmte mich sehr traurig. Diese Situation löste auch eine Diskussion zwischen dem Heimleiter, den Bezugspersonen und Frau Piller aus. „Nun, Soriya, wir denken, wir lassen dir ein paar Tage Zeit zum Überlegen. Spätestens am Mittwoch sollte ich es aber wissen, ob du diese Ausbildung machen willst oder nicht“, sagte Frau Piller. So wurde diese Diskussionsrunde vorerst aufgehoben. Bei der Rückfahrt nach Biel wütete meine Mutter weiter: „Das kommt gar nicht in Frage, Soriya. Da lass ich dich nicht hin! Du kannst bei mir genauso gut putzen und kochen lernen wie in diesem Heim. Außerdem, was bringt dir das? Gar nichts!“

Schließlich musste ich aber doch selbst entscheiden, was ich wollte. Lieber ein, zwei Jahre einfach zu Hause bleiben oder gleich diese Ausbildung ansetzen und weggehen? Meine Mutter blieb noch ein, zwei Tage so unausstehlich. Am Mittwochmorgen kam sie aber auf mich zu: „Hör mal, Soriya, ich denke, es ist deine Entscheidung. Du musst selbst wissen, was du tust und was du möchtest. Wenn du nach Bolligen gehen willst, dann geh!“ – Als ich diese Worte hörte, fiel mir ein Stein vom Herzen. Ich durfte gehen und musste mich nicht durchzwängen. Noch am gleichen Tage rief ich Frau Piller an und verkündete ihr die Botschaft. Jetzt konnte ich endlich ohne Zwang meinen Weg gehen.

13. Wieder in einer WG (Wohngemeinschaft)

In der HWA (Hauswirtschaftliche Ausbildungsstätte), anfangs noch „Peschi“ (Pestalozziheim) genannt, wohnten Jugendliche, die irgendwo Mühe oder Schwierigkeiten hatten. Diese Institution wurde deshalb durch die IV unterstützt. Sozusagen eine Ausbildungsstätte für leicht geistig und körperlich behinderte Menschen. In meinem Falle war es durch meine leichte seitliche Lähmung rechts, die mir nach der Hirnblutung blieb. Sie machte es mir nicht immer einfach, schnell zu arbeiten.
Am Dienstag, 5. August 1997, trat ich also in dieses Heim ein. Grundsätzlich war es ein Wocheninternat, in dem man von Sonntagabend bis Samstagmorgen blieb. Im Hauptquartier der HWA gab es zwei Wohngruppen, unterteilt zu je neun Mädchen auf zwei Stockwerken. Im Erdgeschoss fand man die große Küche, das große Esszimmer, die Büros der Leiter und Leiterinnen und die WCs. Im Untergeschoss gab es zudem ein Handarbeitszimmer, eine Lingerie, Garten-, Töpfereiräume und das Magazin. Extern hatte es fünf weitere Wohngemeinschaften. Diese wurden nach der Selbständigkeit der jeweiligen Jugendlichen unterteilt. Da gab es solche, wo ständig jemand anwesend war und nachts im Pikettzimmer übernachtete. Oder solche, wo nur teilweise jemand am Abend anwesend war.
Auf meinen Wunsch verbrachte ich das erste Jahr in der internen HWA, auf dem zweiten Stock, bei der Gruppenleiterin Frau Steiner. Ich weiß nicht, wie es kam, aber mit ihr konnte ich einfach leicht über Dinge reden, über die ich sonst mit niemandem reden würde. Ich hatte fast das Gefühl, sie verstand oder spürte meine Gedanken, die sonst niemand, aufgrund meiner ruhigen Art, so leicht spüren konnte. Schon gar nicht meine Mutter, Familie oder Verwandten. Sie war für mich jemand Besonderes, jemand, der ich vertraute und vertrauen konnte.
Unsere Gruppe war eine sehr lebendige Gruppe, eine Gruppe zum Lachen und Weinen. Anfangs gefiel es mir dort wirklich sehr gut und ich konnte mir sogar vorstellen, noch ein weiteres Jahr zu bleiben. Das würde heißen, die hauswirtschaftliche Anlehre anzusetzen. Traurig machte mich nur, als ich vernahm, dass Frau Steiner vom 1. Oktober 1997 für ganze vier Monate in den Urlaub fahren würde. Nun ja, aber nach 17 Jahren intensiver Arbeit konnte ich das gut verstehen. Ich wollte ihr trotzdem

noch eine kleine Freude mit einem musikalischen Abend bereiten. Also fragte ich gleich zwei Kolleginnen, die ebenfalls ein Instrument spielten: „Hey, hättet ihr Lust, ein kleines Konzert mit mir einzustudieren?“ – „Au ja!“, stimmten beide zu. Ich spielte Leier, die eine Kollegin Sopranflöte und die andere Querflöte. Wir übten gemeinsam zwölf mehrstimmige Musikstücke aus verschiedenen Musikbüchern und -heften. Am besagten Abend schrieb ich extra zwei Programme zum Ablauf des Musikabends auf. Denn es war die ganze Gruppe eingeladen. Vorher sammelten wir noch Geld für ein kleines Geschenk für Frau Steiner, in der Hoffnung, dass sie bald wieder zurückkommen würde.

* * *

Im Herbstquartal wurde in der HWA bereits viel Weihnachtliches vorbereitet, wie zum Beispiel farbige Sternchen, die man ans Fenster hängen konnte, Weihnachtspäckchen, beim Töpfern wurden die schon einmal gebrannten Tonarbeiten glasiert und so weiter und so fort. In dieser gemütlichen Zeit fragte Frau Bärtsch, unsere Privat-Kochlehrerin, am Mittwochmorgen: „Hat vielleicht jemand Lust, ein Lebkuchenhaus zu bauen?“ – „Ein Lebkuchenhaus? Wie soll denn das gehen?“, fragten einige aus unserer fünfköpfigen Privat-Kochgruppe. – „Also, da kauft man zuerst einen Lebkuchenteig. Diesen wallt man aus und schneidet mit dem vorbereiteten Muster, womit man das Haus baut, die Teile dünn aus. Danach werden diese kurz gebacken. Während dieser Zeit bereitet man einen dicken Zuckerguss vor, mit dem man die Teile zu einem Haus zusammenkleben kann. Beim Zusammenkleben muss man aufpassen, dass man nicht allzu schnell arbeitet, sondern die Teile auch festdrückt. Denn es will, denke ich, niemand, dass das Häuschen beim Glasieren und Schmücken auf einmal auseinander fällt. Wenn das Häuschen steht, glasiert man dick das Dach und den Lebkuchenboden und schmückt das Ganze schnell mit feinen, farbigen, kleinen Stängeln und Kugeln, so dass das Haus am Schluss schön bunt aussieht. Ihr müsst aber aufpassen, dass ihr mit dem Schmücken fertig seid, bevor der Zuckerguss fest wird. Na, habt ihr Interesse?“ – „Oh ja, das wäre bestimmt toll!“, stimmte ich zu und die anderen folgten. In meinem Zimmer zeichnete ich an diesem Abend schon mal die Teile für mein Häuschen auf. Es sollte ein besonderes Häuschen werden. In der darauf folgenden Woche setzte ich also, mit der großen Hilfe von Frau Bärtsch, ein richtig schönes Häuschen zusammen. „Pass auf, nicht dass das Dach runterfällt!“, mahnte sie mich. Als das Häuschen endlich stand, durfte ich es ganz alleine schön bunt verzieren und schmücken. Das sah am Schluss sehr schön aus. Darauf konnte ich wirklich stolz sein. Dieses schöne Werk schenkte mir zudem richtig Mut, Kraft und Freude, in der Kochstunde öfters meine Meinung zu äußern.

* * *

Bereits in der ersten Woche des neuen Jahres 1998 fingen für mich die Ungemütlichkeiten in der HWA an. Meine damalige Zimmergenossin, Jeannine, fing langsam, aber sicher damit an, mir das Leben zur Hölle zu machen. Seit sie den Kosmetikkurs in den Projektwochen besucht hatte, war sie nicht mehr dieselbe. Sie schien seitdem viel arroganter und schminksüchtiger zu sein und hatte zusätzlich einen viel spitzeren Mund bekommen als sie es sonst schon hatte. Immer hatte sie was an mir auszusetzen, was ihr nicht in den Kram passte.
Und wenn ich mal in Ruhe Musik in meiner Lautstärke hören wollte, stellte sie ihr Radio extra lauter, damit ich meines nicht mehr hörte. „Stell doch bitte die Musik ein bisschen leiser“, bat ich sie. Aber es nützte nichts! „Nein, das ist meine Lautstärke!“, gab sie gehässig zurück. Ein Schnüpperli stand ihr zur Seite und half ihr noch, mich mit der ganzen Hetzerei fertig zu machen. „Lasst mich doch in Ruhe!“ oder „Hört endlich auf damit!“, wehrte ich mich, aber es nützte nichts.
Zwei bis drei Wochen vor der Rückkehr von Frau Steiner hatten sie es schließlich geschafft. Verzweifelt konnte ich meine Tränen nicht mehr zurückhalten. Ich musste sie einfach loslassen. „Hey Soriya, gib doch nicht so schnell auf“, trösteten mich einige nette Kolleginnen. „Glaube an dich! Du schaffst es. Die ist doch bloß neidisch.“ – Die Zuversicht dieser Kolleginnen schenkte mir zum Glück wieder Kraft.
Doch bereits am Mittwoch darauf folgte der zweite Akt! Diesmal nicht von Jeannine, sondern von einer Privatkoch-Kollegin, Jasmin. Sie versuchte schon immer ständig das, was sie falsch machte, mir in die Schuhe zu schieben. Am Mittwochmorgen, dem 28. Januar, ging es mir aber

wirklich zu weit! Ich hielt es einfach nicht mehr aus und stand kurz vor dem Zerplatzen! Leider hatte ich aber immer noch diesen Kloß im Hals, der einfach nicht raus wollte. Besonders nicht in der Gegenwart vieler anderer Mitschüler. Nach dem gemeinsamen Mittagessen packte ich aber die Gelegenheit beim Schopf und fragte Frau Bärtsch: „Frau Bärtsch, könnte ich bitte nachher mit Ihnen reden? Ich bin kurz vor dem Zerplatzen und muss unbedingt einen Klos loswerden!" – „Natürlich, Soriya. Komm zu mir ins Pikett, wenn ihr fertig seid", willigte sie freundlich ein. Im Pikettzimmer herrschte eine angenehme Atmosphäre. Kein Krach, kein Geschrei, nur Ruhe und Frieden. „Setzen Sie sich irgendwo, wo's Ihnen am gemütlichsten erscheint", bot sie mir an. „So, was liegt Ihnen auf dem Herzen?" – Ich atmete zuerst tief ein und blickte ihr dabei in die Augen. Sie strahlte eine Vertrautheit aus. Eine Vertrautheit, die mir Wärme und Zuversicht gab.

So fing ich schüchtern an zu reden: „Es … es ist … ich … ich alte es nicht mehr aus! Jasmin geht mir auf den Wecker! Ständig schiebt sie mir ihre Fehler zu, um selbst sauber dazustehen. Das ist doch keine Art, zusammenzuarbeiten, oder meinen Sie nicht?" – „Da geb ich Ihnen Recht. Jasmin braucht wahrscheinlich einfach jemanden, auf dem sie rumhacken kann. Jemanden, der sich nicht so intensiv wehrt. Eben gerade so eine wie Sie."

„Ach wissen Sie, groß wehren, was bringt das überhaupt? Nichts, außer weiteren Hass und Wut aufeinander. Sicher, es bringt Selbstsicherheit, Stärke und vielleicht auch Respekt. Aber bringt es auch den Frieden in sich selbst? Ich will meine Kräfte nicht für solchen Unsinn aufbringen müssen. Dafür ist mir die Zeit schlichtweg zu schade. Ich bin hier, um zu lernen und nicht um andere fertig zu machen. Ich muss selbst für mich schauen und häufig noch für meine wacklige Familie. Denn sie, sie können mir keine Unterstützung schenken. Meine Mutter kann kein Deutsch, oder sagen wir: nur gebrochen. Mein Vater beziehungsweise Stiefvater kann zwar Hochdeutsch, versteht aber noch lange nicht alles. Zusätzlich wurde meine Mutter in der letzten Zeit häufig krank. Nervenkrank, würde ich dem sagen, und dann bleibt der ganze Haushalt am Wochenende und in den Ferien an mir hängen. Aber trotzdem, ich gebe nicht auf. Ich will meine Zukunft weiter gestalten und mein Leben selbst in den Griff bekommen. Denn ich will eines Tages eine eigene

Wohnung und ein eigenes Leben führen können. Und diese Ausbildung alleine wird mir sicherlich nicht reichen. Denn das ist eh nicht ganz das, was ich mir wünsche."

Frau Bärtsch hörte mir aufmerksam und mit erfreuten Augen zu. „Soriya, Sie scheinen mir, im Gegensatz zu den anderen, schon sehr reif zu sein. Es macht Freude, Ihnen zuzuhören und mit Ihnen zu reden. Ich denke, Sie bringen es bestimmt noch sehr weit, wenn Sie so motiviert weitergehen. Lassen Sie sich von so einer wie Jasmin nicht die Laune verderben! Die ist es nicht wert."

Wir blickten uns gegenseitig in die Augen. Ein Kopfnicken folgte. „Nun, hat sich Ihr Klos ein bisschen gelöst?", fragte sie mich. – „Ja, danke. Das Gespräch hat mir wirklich sehr geholfen", antwortete ich. Seitdem verstand ich mich mit Frau Bärtsch ausgezeichnet.

14. Große Fortschritte (1998)

Man sah, ich machte immer wieder Fortschritte. Meine Selbständigkeit wuchs von Tag für Tag in mir. Im Handarbeiten gehörte ich dieses Jahr zu den Exakten und Schnellsten. In meiner guten Laune steckte ich sogar Frau Bärtsch mit meinem Lachen und meiner freudigen Stimmung an, die ansonsten in den Stunden immer streng wirkte. Das tat uns allen sicherlich gut.

Leider kann nicht immer alles gut kommen. Am Freitagabend vor dem Heimgehwochenende packte ich meine Siebensachen fürs Wochenende. Plötzlich: „Mist, meine Nase blutet!“, schimpfte ich. Schnell rannte ich ins Badezimmer und hielt meinen Kopf unters kalte Wasser. Ein Glück, es hörte auf! Nur: Diese Freude hielt nicht lange. Am nächsten Morgen fing es am Bahnhof erneut an. So was Ärgerliches! Mein Vater überspritzte mir am Abend den Kopf mit kaltem Wasser, um das Blut zu stoppen. Ich fror an Kopf und Körper. Meine Mutter half mir die nassen Kleider aus- und trockene anzuziehen. Müde schlüpfte ich in mein Bett.

Am Montag stand ich aber bereits wieder fit in der Küche. Ich wollte Feines backen. Besonders für Frau Perrin, eine Betreuerin, die Geburtstag hatte. Nach dem Backen fühlte ich mich jedoch sehr geschwächt. Ich hörte nicht, wie Frau Perrin zu mir ins Zimmer kam und gute Nacht wünschte. Am Dienstagmorgen ließ ich Frau Fischer, die Backlehrerin, und Frau Hug, eine Praktikantin, von meinem feinen Gebäck kosten und sie reagierten sehr erstaunt und erfreut über diese Köstlichkeiten.

Bereits wenige Tage später kam das Nasenbluten wieder. „Soriya, geh rauf in dein Zimmer! Das ist jetzt besser für dich“, mahnte mich Frau Kocher, unsere Kochlehrerin. So ein Mist! Warum musste es ausgerechnet vor der Zehn-Uhr-Pause noch kommen? Ich wollte arbeiten und lernen und nicht den ganzen Tag im Bett liegen! Aber die Gesundheit hatte trotz allem den Vorrang. Sogar vor einem schönen Besuch der AWG Worb (Außenwohngruppe), den ich an diesem Abend machen wollte. Aber ein Glück, wir konnten es verschieben.

* * *

Ein herrlicher Morgen öffnete sich! Ich erwachte mit einem tollen Ge-

fühl, denn ich hatte Geburtstag: meinen 19ten. „Guten Morgen“, begrüßte uns Frau Bärtsch im Privatkochunterricht. „Wir haben heute ein Geburtstagskind unter uns“, fügte sie schmunzelnd hinzu. „Soriya, was soll es heute zum Mittagessen geben? Sie dürfen es sich außuchen. Sie haben heute Geburtstag, nicht wahr?“ – Ich nickte und lief rot an: „Hm, ich weiß noch nicht“, antwortete ich verlegen. – „Dann suchen Sie es sich aus. Die anderen drei dürfen Ihnen dabei helfen.“
Nach langem Grübeln über den Kochbüchern entschied ich mich für Omelettes mit feiner Tomaten-Pilzsauce und grünem Salat. Dazu ein feines Dessert mit Vanilleeis und Früchtekompott. Bis es aber zu diesem Mittagessen kam, mussten wir alle unsere Arbeit dazu leisten. Wir hatten alle Hände voll zu tun. „Hey, kann mir denn niemand beim abtrocknen helfen?“, rief Jasmin aus. „Sorry, ich habe mit den Omelettes selbst alle Hände voll zu tun“, gab ich zurück. – „Wir haben alle die Hände voll zu tun. Das kannst du doch selbst machen“, setzte Michelle ein bisschen genervt ein. Rührend stand sie am Herd bei der Pilzsauce. – „Sch…, verflucht noch mal! Es kann doch sicher jemand schnell abtrocknen!“, fluchte Jasmin. Sie machte einen richtigen Radau und Lärm. – „Mach es selber! Nach dem Abwaschen hast du ja genug Zeit dazu“, gab ihr Michelle bissig zurück. Puh, diese Jasmin konnte einen wirklich auf die Palme jagen. Aber schlussendlich hatten wir es trotzdem geschafft, alles unter einen Hut zu bringen. Es wurde ein wunderschönes Mittagessen, gedeckt mit einem schönen Tischtuch und vielen kleinen Marienkäfern. Diese Überraschung ließ mich den ganzen Stress und Zoff vom Morgen rasch vergessen.
Beim Essen verkündigte Frau Bartsch zusätzlich: „So, Frauen, nun kommt bald die AWG-Verteilung. Hat jemand schon einen speziellen Wunsch, in welche sie möchte?“ – Da sprudelten die Wünsche auf den Tisch: „Rebermatt, …, Kistelerstrasse-WG, …“ Nur ich blieb ruhig. Frau Bärtsch sprach mich an: „Und Sie, Soriya? In welche möchten Sie am liebsten?“ – „Ich …? Ich … hab von der Worbler-AWG gehört. Ich denke, die wäre ganz gut für mich.“ – Sie nickte mir zuversichtlich zu. Die Worbler-AWG war eine der selbständigsten in dieser Institution. Die Jugendlichen waren dort völlig auf sich selbst gestellt. Zweimal in der Woche bekamen sie abends Besuch von einer der zwei Leiterinnen, die zum Abendessen blieben.

An diesem Abend ging es aber erstmal mit der Geburtstagsfeier in der Gruppe weiter. Es verlief alles ruhig und gemütlich, ohne irgendwelche Scherzkerzen. Zum schönen Abschluss des Abends trat Frau Steiner in mein Zimmer, um mir eine gute Nacht zu wünschen. Dabei konnte ich ihr endlich das zuflüstern, was schon lange in meinem Herzen geschrieben stand: „Ich hab Sie so gern!"

Leider hatten einige Jugendliche aus der HWA nichts Besseres zu tun, als andere mit ihren andauernden Meckereien und blöden Sprüchen fertig zu machen. Ich verstand das nie. War das Machtgier oder einfach das anscheinend gute Gefühl, das sie sich damit erzwingen wollten? Wie dem auch sei, Menschen von dieser Sorte gibt es sicherlich genug auf dieser Welt.

Wenn aber zusätzliche Probleme von zu Hause kommen, kann einem das schnell zuviel werden, wie mir. Mutti wurde vom Hausarzt und drei Sicherheitsbeamten in die UPD Waldau (eine Klinik für psychisch kranke Menschen) gefahren. Sie hatte wieder einen Nervenzusammenbruch. Für meine kleinste Schwester, Sovanni, schien es zum Glück nicht allzu schwierig zu begreifen, dass unsere Mutter diese Behandlung nötig hatte. Nun mussten alle zu Hause mitanpacken. Denn unser Vater schaffte den ganzen Haushalt schlichtweg nicht alleine. Seitdem hatte ich am Wochenende keine Ruhe mehr vor der hauswirtschaftlichen Arbeit. Diese ganze familiäre Belastung nagte sehr an meinem Herzen. Zwei Wochen nach den Frühlingsferien sprach ich darüber mit Frau Steiner. Denn ihr, das wusste ich, konnte ich vertrauen. „Ja, Soriya, dies ist keine leichte Zeit für Sie", stimmte sie mir zu. „Und dann noch das Anlehrprogramm, das Sie in wenigen Wochen erwartet." – „Ich will es aber schaffen!", sagte ich mit sicherer Stimme. „Denn ich will doch weiterkommen und mich nicht von den familiären Problemen runterziehen lassen!"

Nach diesem Testmonat, am Mittwoch, dem 3. Juni 1998, schauten alle sehr gebannt auf Frau Steiner. Sie hatte die Verteilliste der WG-Bewohner/innen in der Hand. „Also", kündigte sie an, „alle herhören: Ich lese jetzt den Namen der jeweiligen Gruppe und die der dazugehörenden neuen Jugendlichen vor. Worb: Sabine Bohnenblust, Soriya Pann. Rebermatt: …" Ich konnte meine Freude kaum fassen. Ich durfte im August nach Worb umziehen und musste meine Bezugsperson nicht wechseln. Frau Steiner hatte dort ebenfalls Dienst. In der gleichen Woche, am Freitag, wurde zudem angekündigt, wer das Anlehrprogramm bestanden hatte und wer nicht. Ich war dabei. Ich hätte vor Freude in die Luft springen können. Wenigstens etwas, das mir neue Wege öffnete.

* * *

Im August konnte ich bereits nach zwei Wochen meine Sachen wieder packen, denn ein Umzug stand uns bevor. Wir zügelten nach Stettlen. In eine sehr gemütliche, moderne, zweistöckige Wohnung. Ich zog mit Nadine in ein Zimmer, die während ihrer Weiterbildung in dieser AWG blieb. Wir verstanden uns ganz gut. Was mich aber an ihr ziemlich störte: Sie sang oder sprach in der Nacht mit sich selbst. Am liebsten hätte ich ihr den Mund zugeklebt. Aber ich blieb menschlich. Weil sie anscheinend auch ihre Ruhe zum Lernen brauchte, entschloss sie sich, mit Sabine zu wechseln und an ihrer Stelle ins Einzelzimmer zu ziehen. Sabine wollte nicht mit mir das Zimmer teilen, also hatte ich es für mich alleine. Auch gut so. So blieb mir auf alle Fälle meine Ruhe zum Lernen. Zudem übernahm ich gleich Verantwortung für die WG-Kasse, was neue Anforderungen an mich stellte.

Seit dem Sommer besuchte ich zusätzlich zur Ausbildung einen Franzkurs. Eine weitere Freude für mich. Denn dort lernte ich mit normal gesunden Menschen ohne Behinderung und es war das, was mich stark machte. Doch trotz allem Schönen beschäftigte mich in dieser Zeit ein wichtiges Thema: die Zukunft! Was sollte weiter aus mir werden? Was würde ich nach dieser Ausbildung machen? Wo würde ich überhaupt wohnen?

Am 5. November hatte ich mein Auswertungsgespräch. Herr Wüthrich, der Heimleiter, begann: „Ja, Soriya, nach den Berichten zufolge haben Sie sich schon ziemlich gesteigert. Wir würden Ihnen aber trotzdem einen ruhigeren Arbeitsort vorschlagen. Einen Ort, wo Sie keine große Hektik haben. Vielleicht eine Arbeitsstätte oder ein Büro.“ Alle blickten mich fragend an. Ich schwieg. Ein Klos steckte mir wieder im Hals. Die Gedanken kreisten um mich. Ich fragte mich: „Was soll ich denn dort? Etwa abstauben und putzen?“ – Herr Veronesi, mein IV-Berufsberater, schaltete sich ein: „Soriya, was denken Sie? Was sehen Sie?“ – Endlich fand ich wieder langsam Worte: „Ein Loch! Ein schwarzes Loch!“

– „Und weshalb?“, fragte er behutsam weiter. – „In dem, was Sie mir vorschlagen, sehe ich für mich keine Zukunft. Sie haben mir vor knapp einem Jahr gesagt, dass ich nach dieser Ausbildung weiterkommen kann. Wo bleibt denn diese Meinung?“, gab ich fragend zurück. – Damit löste ich eine Diskussion in der Runde aus. Herr Wüthrich räusperte sich und antwortete darauf: „Soriya, wir denken, wir lassen Ihnen Zeit. Sie können sich selbst in der Berufswelt umschauen, was Ihnen zusagt.“

Eine schöne Hilfe waren sie mir. Denen wollte ich es zeigen. Ich fing sofort an, x Bewerbungen zu schreiben. Für eine weitere Ausbildung, eine Lehre. Die ersten Bewerbungen gingen an verschiedene Apotheken in Biel. Denn in diesem Bereich gefiel es mir sehr gut. Zurück kamen jedoch nur lauter Absagen. „Nun trotzdem nicht den Kopf hängen lassen“, tröstete ich mich. „Versuchen wir es andersrum. Vielleicht bei Coop oder Migros?“ – Ich durfte an die Prüfungen. Wenige Tage später bekam ich einen erfreulichen Anruf: „Schön, Frau Pann, Sie haben den Test bestanden. Nun werden wir sehen, wie es bei Ihnen im Praktischen aussieht. Sie wohnen in Biel. Wollen Sie dort lieber in einem größeren oder kleineren Coop schnuppern?“, fragte mich die Expertin von Coop. – „Hm, ich glaube, ein kleineres wäre ganz gut.“ – „In Ordnung. Dann melden wir Sie für eine Schnupperwoche in einem kleineren Coop in Ihrer Nähe an. Bei der Prüfung hatten Sie erwähnt, dass Sie rechtsseitig noch leichte Schwierigkeiten hätten. Eine leichte Lähmung, ist das so?“ – „Ja, so ist es.“ – „Nun, wir werden sehen, wie das kommt. Sie werden in den nächsten Wochen von uns hören.“

Und so kam es. Anfang Februar hatte ich diese Schnupperwoche. Nur zu dumm, genau in dieser Woche bekam ich am Mittwochabend hohes Fieber. „Mama, ich will aber nicht krank sein. Ich muss doch schnuppern!“, sagte ich meiner Mutter, die mich warm zudeckte. „Ja, aber jetzt schlaf erst mal“, beruhigte sie mich. Ich wollte einfach nicht fehlen, nicht in der Schnupperwoche. Das war doch die Basis für eine Lehre. Also ging ich am nächsten Morgen wieder zur Arbeit, obwohl ich mich gar nicht gut fühlte. Der Wind fegte durch die schmale Strasse. Es hatte in dieser Nacht richtig geschneit. Außer auf den Autostrassen lagen auf meinem Weg überall hohe Schneeberge. Ich kam kaum durch, schaffte es zuletzt zum Glück doch noch bis zum Coop. Leider konnte ich aber keinen vollen Einsatz mehr zeigen, denn dazu waren meine Kräfte zu schwach.

Danach meldete ich mich sogleich eine Woche in der HWA krank, um neue Kräfte zu sammeln. Denn am folgenden Montag kam die Aufnahmeprüfung in der Migros auf mich zu. Eine von beiden wollte ich einfach bestehen. Insgeheim hoffte ich nämlich, weiter auf der AWG in Stettlen bleiben zu können. Denn nach Biel, zu meinen Eltern, das wollte ich lieber nicht. Diese Hoffnung und der Wunsch wuchsen schon seit letztem Jahr in mir. Weshalb? Das wird noch rauskommen.

* * *

Es folgte ein dreiwöchiges hauswirtschaftliches Praktikum im Regionalspital Biel. Als zusätzliche Aufgabe galt es, einen Bericht darüber zu schreiben. Ich hatte Freude mit Menschen zu arbeiten, Freude, Erfahrungen zu sammeln. In dieser Zeit wohnte ich in Biel bei meiner Familie. Das, was bei mir zu Hause geschah, verdrängte ich einfach. Das, was sich in meinen Gefühlen abspielte, war zu diesem Zeitpunkt nicht wichtig. Ich wollte einfach weiterkommen und nicht daran herumgrübeln müssen.
Am Schluss legte ich einen sechsseitigen Bericht der Hauswirtschaftslehrerin, Frau Soder, vor und die staunte nicht schlecht darüber: „Soriya, das ist ein sehr guter Bericht. Gratuliere!“, rühmte sie mich. Daraufhin fragte mich Frau Wernli aus dem Sekretariat: „Dürfen wir Ihren Bericht im Jahresbericht der HWA veröffentlichen? Der ist wirklich sehr gut!“ – Ich war baff: „Wie bitte? Im Jahresbericht?“ – „Ja, wir machen jährlich einen Jahresbericht über die HWA und dazu würde ihr Bericht bestimmt auch andere interessieren.“ – „Also, das ist für mich eine Ehre. Das hätte ich niemals erwartet.“ – „Also sind Sie einverstanden?“ – „Selbstverständlich!“ Meine Augen glänzten.

15. Ich hasse ihn!

Der Morgen des 15. Mai 1999 begann mit einem Jubel. An diesem Tag war das Ehemaligen-Treffen der Schüler/innen und WGBewohner/innen aus dem Rehabilitationszentrum Zürich! Natürlich wollte ich da nicht fehlen. Am Wochenende davor: „Soriya, lass mich dich abholen!", bot sich mein Stiefvater an. „Nein danke. Ich komme alleine gut zurecht. Ich bleibe danach in Bern", widersprach ich ihm. „Aber dort bist du doch alleine. Übers Wochenende ist doch niemand anwesend! Hier hast du deine Familie. Ich hol dich ab", drängte er süß weiter. Meine Mutter schaltete sich ein: „Soriya, lass dich von Papa abholen! Das kommt dich viel günstiger als mit der Bahn." – „Ja, schon, aber …", versuchte ich weiter, aber es nützte nichts. „Ich hol dich ab! Dann kommst du auch sicher zu Hause an", beschloss mein Stiefvater und es sah so aus, als ob er keinen Widerspruch mehr duldete. „Nun gut, wenn du meinst", gab ich kleinlaut zurück.
Am Freitagabend buk ich einen Schokoladen-Cake zu diesem Apéro. Gegen Mittag fuhr ich mit dem Zug Richtung Zürich/Zug nach Affoltern. Dort angekommen: „Hm, wie komm ich jetzt am besten rauf ins REHA?", überlegte ich. Ich lief einige Schritte weiter zur Busstation. Dort wartete bereits eine Gruppe von Leuten. Ich sprach eine auf der Bank sitzende junge Frau an: „Entschuldige, fährt hier der Bus zum REHA?" – „Ja, wir wollen auch dorthin." – „So ein Zufall. Etwa zum Ehemaligen-Treff?" – „Ja genau! Du etwa auch?" – Das war ein richtiger Aufsteller. „Ja!" – Wir unterhielten uns weiter. Es war sehr interessant zu hören, was für Fortschritte sie und auch ich seitdem gemacht hatten. Oben erwartete uns schon Karin B. und viele mehr. Die Begrüßung war groß und freudig. Nur, aus meiner damaligen WG- und Schul-Zeit war niemand gekommen. Wie schade! Dabei hatte ich mich doch so sehr darauf gefreut. Aber es waren viele andere anwesend und der Tag verlief wirklich sehr schön! Obwohl ich vorher kaum jemand von den anderen kannte, versuchte ich neue Kontakte zu knüpfen und das war ja auch das Interessante! Gabi, eine ehemalige Betreuerin aus meiner WG-Zeit, staunte nicht schlecht: „Schau dir mal Soriya an, Karin! Aus ihrer Zeit ist praktisch niemand gekommen und doch spricht sie ohne Hemmungen mit allen. Unglaublich, wie schnell sie Kontakte knüpfen kann!" – „Ja,

das ist eben unsere Soriya!", gab Karin lächelnd zurück. Schade, dass die Zeit so schnell verging. Von mir aus hätte der Abend noch ewig so weitergehen können.
21.00 Uhr: „Ups! Ich glaub, ich muss langsam gehen. Mein Stiefvater wartet sicher schon!", entschuldigte ich mich. „Was? Holt er dich ab?", fragte Gabi ungläubig. „Ja eben. Aber es war wunderschön, wieder mal hier zu sein." – Ich schüttelte allen zum Abschied die Hand und ging. Irgendwie mit einem mulmigen Gefühl. Ich kämpfte aber dagegen an. Das Auto meines Stiefvaters wartete bereits auf dem Parkplatz. Ich stieg ein. Er schaute mich seitlich an. Sein Blick drang so seltsam in mich hinein. Richtig gierig. „Was ist? Fahren wir jetzt?", fragte ich nach. – „War es ein schöner Tag?", fragte er zurück. – „Ja danke! Aber jetzt fahr mich bitte nach Hause!", drängte ich ihn. Er ließ den Motor anlaufen und fuhr aus dem Parkplatz raus. Immer wieder betrachtete er mich seitlich. „Was schaust du mich so an?", fragte ich ihn. – „Du bist so schön, Soriya." – „Ja und?" – Seine rechte Hand glitt vom Lenkrad auf mein linkes Knie. Ich spürte seine schleimigen Gedanken in mir, konnte aber nichts dagegen tun. Denn ich saß wie gelähmt neben ihm. Als er aber zu meinem Reisverschluss runter wollte, griff ich zur Gegenwehr! Ich packte seine Hand und schmiss sie zu ihm zurück. „Das will ich nicht! Hörst du? Das will ich nicht!", brüllte ich ihn an. Ich war außer Fassung! Dass ein Vater überhaupt zu solchen Taten schreiten kann. „Ist schon gut, ist schon gut! Ich hör auf", beruhigte er mich. Eine Weile fuhren wir ruhig weiter. Doch dann bog er ab und fuhr auf einen dunklen Parkplatz zu. Es war schon finster. Keine Menschenseele in der Nähe. Mein Rücken war eiskalt. „Was machen wir hier?", fragte ich ihn ängstlich. – „Eine kleine Pause", antwortete er gedämpft. – Auf einmal fing er wieder an, mich zu befummeln. – „Hör auf! Das will ich nicht! Das will ich nicht! Hörst du!?", schrie ich ihn an. „Ich will nach Hause! Mama wartet sicher schon", fuhr ich fort. – „Sie weiß, dass ich dich abhole und dass es ein bisschen länger dauern könnte. Darüber musst du dir keine Sorgen machen", beruhigte er mich erneut. Gierig blickte er mich wieder an. Er beugte sich zu mir rüber, wollte mich packen, mit mir schmusen, mich küssen und vielleicht sogar Sex im Auto. Das war zuviel für meine Nerven. Wie pervers! Ich wehrte mich mit Händen und Füssen! – „Ach komm, Soriya! Tu nicht so schwierig. Nur einen Kuss. Bitte!" – Ich blickte in seine Augen. Es

war derselbe Blick wie vorhin, einfach gierig und ungesättigt. Was sollte ich tun? Sollte ich ihm den Wunsch erfüllen? Ein kleiner Kuss auf die Lippen kann ja nicht so schlimm sein. „In Ordnung. Ein Kuss, aber nicht mehr!“ – Er nickte und kam mir sogleich wieder näher. Unsere Lippen berührten sich. Ich spürte seine Nase, seine Zunge an meinen Lippen. Ich wollte aber keinen Zungenkuss, also hielt ich meine Lippen geschlossen. Nach einer kurzen Weile zog ich mich zurück und beendete damit den Kuss: „Das reicht!“ – „Was? Das war doch gar nichts! Ich habe deine Zunge überhaupt nicht gespürt.“ – „Es reicht mir aber! Fahr mich nach Hause oder soll ich schreien?“, fauchte ich ihn an. „Das machst du nicht!“, gab er ungläubig zurück. Ich öffnete die Autotüre und stieg hastig aus: „Wenn du nicht sofort weiterfährst, mach ich Autostopp!“, drohte ich ihm. – „Schon gut, schon gut. Steig wieder ein! Wir fahren weiter.“ – Wenn ich aber gehofft hatte, dass ich endlich Ruhe vor seinem Sexdrang hätte, so hatte ich mich getäuscht. Auf der Fahrt ging es schlimm weiter. Er fing wieder an mich zu befummeln. „Soriya, wenn du mich nicht lässt, kommen wir nie zu Hause an. Deine Mutter kann nicht mehr, deshalb brauch ich es von dir“, drohte und begründete er mir. Er ließ mich nicht in Ruhe. Zuerst befummelte er während der Fahrt meine Brüste, dann öffnete er mir auch noch den Reissverschluss meiner Hose und streichelte mir unter der Unterhose meine Scheide (Vagina). Es war grausam. Am liebsten hätte ich ins Lenkrad gegriffen und uns beide umgebracht. Aber ich dachte an die anderen unschuldigen Fahrer auf der Autobahn und Strasse. Nein, ich wollte keine unschuldigen Menschen mit uns in den Tod reißen oder dass andere mit mir leiden müssen. Es reichte schon, wenn ich litt! Also hüllte ich mich in verkrampftes Schweigen. Die Fahrt schien endlos zu sein. Waren wir nun etwa in Tschugg oder gar Erlach? Es sah fast so aus. Die Gegend schien mir sehr bekannt. Nirgends brannte mehr Licht, nur unsere Autoscheinwerfer. Er bog in einen Feldweg ein und hielt schon wieder an. Ein Auto kam uns entgegen, aber es fuhr vorbei. Ich wünschte mir, dass es angehalten hätte, aber es fuhr weiter. Ein Klos steckte mir im Hals fest. Ich konnte nicht schreien, kaum atmen. Ich hörte nur mein Herz schlagen. Ich spürte wieder, wie seine Blicke mich durchbohrten. Ich sah keinen Ausweg mehr. Auf meiner Seite war direkt ein langer Busch – und was war dahinter? Ein Abgrund? Dornen oder gar überhaupt nichts, woran ich mich hätte fest-

halten können? Ich saß in der Falle! Ich fühlte mich schlecht, so schlecht, dass ich beinahe hätte erbrechen können.
„Soriya, komm! Tu nicht so schwierig! Einen Kuss! Einen richtigen Kuss. Dann fahren wir weiter“, drängelte er wieder. Ich wollte endlich nach Hause. Also, was blieb mir anderes übrig, als ihm diesen Wunsch zu erfüllen? Unsere Lippen berührten sich wieder. Ich spürte, wie er seine Zunge erneut rausstreckte. Am liebsten hätte ich sie ihm abgebissen, aber ich tat es nicht. Dafür hatte er einfach schon zuviel Gutes für mich getan. Ich war ihm zum Dank verpflichtet. Endlich endete der Kuss und wir fuhren schweigend weiter. Eine tiefe Wunde war in mir. Eine Wunde, die wohl nie ganz heilen wird.
Zu Hause eingetroffen, verzog ich mich sofort in mein Zimmer. Ich zog meine Kleider aus und schmiss sie auf den Boden. Sie ekelten mich an. Ich wollte nur noch eins: so rasch wie möglich einschlafen und das Ganze verdrängen! Aber ich blieb die ganze Nacht wach. Zu groß war der Schmerz in mir.
Am nächsten Morgen wollte ich so rasch wie möglich nach Stettlen reisen. Mit meiner Mutter konnte ich über dieses schlimme Erlebnis nicht reden. Sonst würde sie sofort wieder eine Nervenkrise oder gar einen Herzinfarkt bekommen. Das wollte ich vermeiden. In Stettlen und in der Ausbildungsstätte Bolligen wollte ich mir nichts davon anmerken lassen. Zu tief bohrte die Angst vor einem Krach und Bruch in unserer Familie. Ich fühlte mich so sehr für unsere jetzige Familiensituation verantwortlich. Dass unsere Mutter ständig wieder in die Psychiatrie musste. Wenn ich diese Hirnblutung im März 1991 nicht gehabt hätte, wäre unsere Familie jetzt sicherlich noch stabil. Aber so? Was sollte ich nur tun?
In der WG traute ich mich überhaupt nicht mit einer der Leiterinnen über das Thema zu sprechen. Denn das war in unserer Kultur doch tabu! Doch ich merkte, wie ich von Tag zu Tag weniger Nerven besaß. Zwei Wochen später bekam ich in Stettlen einen Abholschein. Mein bestellter Hometrainer war angekommen. Aber der war viel zu schwer, als dass ich ihn hätte nach Hause tragen können. Also rief ich meinen Stiefvater an. Das letzte Geschehen verdrängte ich. Am Freitagabend kam er mit meiner Mutter, den Schwestern, der jüngsten Tante und der Großmutter. Beiläufig erwähnte er, dass er am Samstag noch mal vorbei komme, um den Hometrainer zu montieren. Ich dachte mir nichts Schlimmes dabei.

Am Samstagabend kochte ich mir und meiner Wohngenossin etwas Feines.

Ich hatte schon gar nicht mehr daran gedacht, dass er überhaupt noch auftauchen würde. Aber auf einmal klingelte es. „Hallo Soriya, ich bin's. Machst du bitte die Türe auf?", säuselte er in den Lautsprecher. Ich ließ ihn rein. „Du kannst schon mal raufgehen. Ich esse noch was mit meiner Kollegin", erklärte ich ihm. – „Was macht denn dein Vater hier?", fragte mich Nadine verblüfft. „Och, er baut nur was für mich auf." – Nach dem Essen wuschen wir gemeinsam ab. Danach verzog sich jede in ihr Zimmer.

Ich stieg mit einem richtig mulmigen Gefühl die Treppe rauf. Er saß auf dem Teppich und war noch nicht gerade weit gekommen. „Kann ich dir helfen?", fragte ich ihn. – „Ja, komm, setz dich neben mich!" – Ich tat, wie mir geheißen. Er gab mir einen väterlichen Kuss auf die Wange. Aber schon fing es wieder an. Seine unerträglichen Blicke. Er tastete mein rechtes Knie ab und wollte sicherlich wieder mit mir schmusen. Ich stand ruckartig auf. „Bring die Arbeit zu Ende und geh bitte", bat ich ihn. Ich nahm mein Pyjama und verzog mich ins Badezimmer. Als ich zurückkam stand mein Hometrainer fertig in meinem Zimmer. Während er sich die Hände waschen ging, machte ich gleich ein Probetraining.

Als er aber wieder zu mir ins Zimmer kam, fing er auf einmal an, sich auszuziehen. Ich sass bereits auf meinem Bett und brachte keinen Ton aus mir heraus. Splitternackt stand er zuletzt vor mir. Sein Penis war so riesig und … iiiiiiih! Ich saß wie erstarrt da. Der Schock saß zu tief. Erst als er zu mir rüberkam, sich mit einem Knie auf mein Bett setzte, erwachte ich aus der Trance. „Nein, nein, nein!! So nicht!" Ich wehrte mich mit Händen und Füssen, riss mich los und rannte raus auf den Dachboden. „Wenn du dich nicht sofort wieder anziehst, schreie ich, dass meine Kollegin raufkommt!", drohte ich ihm. Das half. „Nein, nicht, Soriya! Ich zieh mich ja gleich wieder an."

Ich stieg rasch die Treppe ins Wohnzimmer runter. „Nur weg von ihm", dachte ich. Wenige Augenblicke später kam er mir nach. „Bekomm ich noch einen Kaffee, bitte?", bat er mich mit unschuldiger Miene. So ein Schleimer! Genervt machte ich ihm trotzdem einen. Stumm saßen wir auf dem Balkon. Er schlürfte an seinem Kaffee, als sei nichts geschehen. Endlich hatte er ihn auch ausgetrunken. Ich begleitete ihn mit Abstand zum Ausgang und schloss die Türe, ohne ein Wort, direkt hinter ihm. „Was für ein Ekel!“, waren meine Gedanken. Am Dienstagmorgen, kurz vor der Diplomfeier, kam Frau Soder zu mir. Sie sah nicht gerade erfreut aus. „Soriya, warum haben Sie mir nichts gesagt von den Ergebnissen der Eintrittsprüfungen?“ – Ich schwieg. – „Ich habe persönlich Frau Hübschi angerufen und sie danach fragen müssen. Wahrscheinlich haben Sie eine Seite übersehen. Sie wird sich deswegen demnächst bei Ihnen melden. Und das mit dem Coop ist ja nichts. Da haben Sie im Praktischen versagt. Ich wünsche das nächste Mal frühere Nachricht, nicht dass ich immer hinterher springen muss!“, beendete sie ihre Rede. Mir war alles egal. Ich mochte mich nicht wehren oder etwas dazu sagen. Dazu hatte ich keine Nerven mehr. „Morgen hab ich ja zum Glück Unterricht in der Gewerbeschule. Da kann ich mich beim Lernen hoffentlich ein bisschen abreagieren“, hoffte ich. Aber es kam anders.

In der Gewerbeschule bekamen wir Zweier-Aufträge: Preise für das Schulfest in der kommenden Woche zu kaufen. Jede Gruppe bekam einen mäßigen Betrag, den wir für die Preise ausgeben durften. Ich streifte mit Martin umher. Wir suchten uns den Loeb aus. Martin dachte nur an sich und wollte unbedingt in den dritten Stock. Also gingen wir erst mal rauf. Er hatte ja das Geld bei sich und nicht ich. Er stöberte aber so lange, dass meine Zeit fast davonlief. Ich fragte ihn deshalb: „Hey Martin. Gib mir doch die Hälfte und wir treffen uns unten, beim Ausgang.“ – Er fuhr hoch: „Das kann ich nicht. Die Note lässt sich schließlich nicht halbieren!“ – Ich schüttelte den Kopf: „Aber Martin, wir können doch die Verkäuferin an der Kasse fragen, ob sie uns das Geld wechselt. Das tut sie bestimmt. Komm!“ Ich zog ihn hinter mir her. Und siehe da, es klappte. Nun musste ich mich aber beeilen, denn meine Zeit begrenzte sich auf 20 Minuten. Nach einer kurzen Weile hatte ich das passende Stück gefunden.

Ich ging raus und wartete beim Loebegge. Wir hatten um 11.10 Uhr draußen abgemacht. Die Zeit verging, weit und breit aber kein Martin in Sicht. Was macht der denn noch so lange, fragte ich mich. Ich wollte schon beinahe gehen, da kamen mir zwei Mädchen aus der Klasse entgegen. „Was tust du noch hier?“, brüllten sie mich an. „Wir warten schon längstens alle vorne auf dich!“ – „Wo ist denn Martin?“, fragte

ich fassungslos. – „Der? Der ist schon lange am Treffpunkt. Du bist die Einzige, die hier noch rumtrödelt. Jetzt beeil dich!“
Auf dem Weg beschimpften sie mich weiter. Das hielt ich nicht mehr aus. Mein schon seit langem brodelndes Fass platzte. Ich schrie sie an: „Lasst mich in Frieden! Mit eurem Gemotze bringt ihr’s nicht weit!“, drehte mich um und lief davon. Ich wollte einfach weg, weg von allem. Weg vom ganzen Puff! Ich hatte die Nase gestrichen voll. Ich rannte zum Bahnhof, stieg die Rolltreppe runter und lief zum Gleis 12. So weit, dass sie mich nicht so leicht finden konnten. Ich setzte mich auf eine Bank und konnte erstmals meinen Gefühlen freien Lauf lassen. Das ganze Chaos, die Situation zu Hause, in der Schule und in der Ausbildungsstätte. Das war zuviel. Meine Nerven lagen blank. „Soll ich auf das Gleis springen und meinem Leben ein Ende setzen?“, fragte ich mich. Aber nein, das wäre zu unüberlegt.
Ich blieb so lange auf der Bank sitzen, bis ich endlich wieder die Ruhe in mir fand. Ich wollte aber nicht mehr zur Schule oder in die Ausbildungsstätte. Nein, das wollte ich jetzt nicht! Ich wollte nur noch meine Ruhe, meine Ruhe und sonst nichts. In der WG saß bereits eine Wohnkollegin, Mirjam, auf dem gemütlichen blauen Sofa und schaute fern. „Was machst du denn schon hier?“, fragte sie mich erstaunt. „Hast du keinen Unterricht?
„Ach, ist nicht so wichtig“, antwortete ich, „brauche nur meine Ruhe.“ – Sie schaute mir zwar nach, stellte aber keine weiteren Fragen. An diesem Nachmittag und Abend verkroch ich mich nur noch in meinem Zimmer.
Am nächsten Morgen wollte ich nicht aus dem Bett. Nicht zu Frau Kocher in die Kochstunde, die ich so liebte. Ich wollte einfach für mich sein! Sabine klopfte an meiner Zimmertüre: „Soriya, kommst du später?“ – Ich murmelte etwas Unverständliches. Schritte entfernten sich. Die Eingangstüre ging auf und wieder zu. Stille. Alle waren weg.
Nach einer Weile klingelte unten das Telefon. Ich bewegte mich nicht, wollte nicht abnehmen. Sooft es auch anfing, ich ließ es einfach klingeln. Plötzlich hörte ich Schritte von unten. Wer konnte das sein? Ein kräftiges Klopfen an meiner Türe und – hoppla – Herr Wüthrich, unser Heimleiter, kam herein. – „Soriya! Was machen Sie noch hier? Warum haben Sie das Telefon nicht abgenommen?“ – Ich schwieg. – „Was sollen wir mit

Ihnen machen? So geht das einfach nicht! Jetzt ziehen Sie sich an und kommen mit mir!" – „Nein danke. Ich habe selbst Füße. Ich fahr mit der Bahn." – „Aber rasant!" Er stand wieder auf, drehte sich um und ging. Ich zog mich an, machte mich frisch, aber anstatt zu gehen, schloss ich mich erneut in meinem Zimmer ein. Ich wollte nicht, ich wollte nichts und niemanden sehen. Ich hatte keinen Hunger, keinen Appetit. Ich wollte nur Ruhe.

Um 16.00 Uhr hörte ich wieder von unten ein Knacken an der Türe. Diesmal aber zwei Stimmen. War das nicht auch Frau Steiner? Ja, aber egal! Ich wollte nicht öffnen. „Soriya, wir wissen, dass Sie da drin sind. Wenn Sie nicht sofort öffnen, schlagen wir die Türe ein und Sie tragen die Rechnung." – Kein Mucks von mir. Am Schloss wurde hantiert, gekrickelt und geknackt. Und, sie schafften es! Meine Türe öffnete sich. Wie eine Furie rannte ich zu meinem rausgeflogenen Zimmerschlüssel und hob diesen auf. Herr Wüthrich stand hinter mir: „Geben Sie ihn her! Sofort, Soriya!" – „Nein!", fauchte ich ihn an. „Das ist meiner!" – Frau Steiner versuchte mich zu beruhigen: „Soriya." Mit ihrem vertrauten Blick blickte sie mir in die Augen. Ich wurde langsam ruhiger und gab schließlich widerwillig den Schlüssel her. „So, nun rufen Sie aber zu Hause an. Die machen sich nämlich große Sorgen um Sie", forderte mich Herr Wüthrich auf. Ich tat, wie mir geheißen. „Und jetzt, was nun?", fragte er weiter. Frau Steiner schaltete sich ein: „Lass mal, Urs! Ich bleibe hier. Du kannst mein Auto nehmen und mich nachher wieder abholen, ja?" – Er nickte, nahm den Schlüssel und ging. Nun waren wir nur noch zu zweit in der großen Wohnung. „Wo wollen wir reden?", fragte mich Frau Steiner. „Hier unten oder oben in Ihrem Zimmer? Sie dürfen es sich außuchen." – „Von mir aus können wir gut hier unten reden", willigte ich ein. – Wir setzten uns aufs blaue Sofa. Ich blickte ihr ein bisschen unsicher in die Augen. Sie fing an: „So, Soriya, jetzt erzählen Sie mal! So kenne ich Sie gar nicht. Was war los?" – „Wissen Sie, diese Woche war einfach zuviel für mich. Zuerst das Puff mit Frau Soder und dann auch noch in der Schule. Das hat das Fass einfach zum überlaufen gebracht." Ich erzählte ihr die ganze Story, von Anfang bis zum Schluss. Sie hörte mir aufmerksam zu. Als ich am Schluss ankam, fügte sie hinzu: „Ja, Soriya, da ist viel passiert und ich kann mir gut vorstellen, wie Sie sich gefühlt haben. Aber, das war bestimmt nur ein kleiner Tropfen auf den heißen Stein. Ein Tropfen, der Ihr Fass zum überlaufen brachte. Da ist doch sicher viel mehr, nicht wahr!?“ Sie blickte mir tief in die Augen. „Ist es das, was ich denke? Etwas mit dem Stiefvater …“ – Ich blickte sie fragend an. – „Wurden Sie …“

Nun konnte ich nicht mehr Stille halten. Es musste raus. Es musste einfach raus. Tränen stiegen mir in die Augen und es sprudelte nur so aus mir heraus. Vielleicht nicht alles gleich so klar und verständlich. Aber Frau Steiner merkte, dass ich dringend Hilfe brauchte. Professionelle Hilfe. In den nächsten Wochen nahm sie Kontakt mit der Beratungsstelle Rotmatt auf und vereinbarte mit Frau Nissen einen Termin für uns. Frau Nissen war mir von Anfang an sehr sympathisch. Sie strahlte ebenfalls eine Vertrauenswürdigkeit aus, die mir Sicherheit schenkte. Am Wochenende darauf nahm ich all meinen Mut zusammen und rief meine Mutter an: „Hallo Mama. Sag mal, ist Papa zu Hause?“ – „Nein. Er macht eine Betriebsreise und kommt erst morgen Abend zurück. Warum?“ – „Ich muss mit dir reden! Aber allein. Wird das möglich sein?“ – „Was ist los?“ – „Das kann ich dir am Telefon nicht so leicht erklären. Ich komme morgen gegen Mittag vorbei, in Ordnung?“ – „Ist gut. Bis dann.“ Klick.

Wie gesagt, getan. Am Sonntagmittag zog ich sie ins Schlafzimmer. Wir setzten uns aufs große Bett. Ich schaute ihr tief in die Augen und beharrte darauf: „Mama, das, was ich dir jetzt erzähle, musst du für dich behalten, hörst du? Es ist wichtig und zu meinem Schutz, weißt du?“ – Sie nickte. – Ich atmete nochmals tief ein: „Papa hat mich missbraucht! Dies schon seit Anfang des Jahres. Ich habe bis vor kurzem geschwiegen, um unsere Familie zu schützen. Aber jetzt, ich schaff es nicht mehr! Ich schaff es einfach nicht mehr! Die HWA ist bereits in diese Sache eingeweiht. Es ist alles am Laufen. Bitte, bitte tu jetzt nichts Unüberlegtes! Egal was kommen mag.“ Tränen stiegen mir in die Augen. Meine Mutter nahm mich mütterlich in die Arme und beruhigte mich: „Keine Sorge, Soriya. Das bleibt alles bei mir.“ Am Montagabend erhielt ich einen Anruf aus Biel. Es war meine älteste Tante: „Hallo, Soriya. Wie geht's? Hör mal, deine Mutti hat mir am Mittag etwas Furchtbares erzählt. Du weißt ja, dass sie manchmal einfach Unsinn erzählt. Deshalb wollte ich dich persönlich fragen. Ist das wahr, was sie mir über die Geschichte mit dir und deinem Stiefvater erzählt hat?“ – Stille …

Gedanken liefen mir durch den Kopf. Ich hatte es doch geahnt, dass meine Mutter nicht schweigen kann. Also antwortete ich mit ruhiger Stimme: „Ja, Tante. Es ist wahr." – Seitdem lief es sehr schnell in unserer Verwandtschaft rum. Gleich am Dienstagabend bekam ich einen weiteren Anruf, vom Stiefvater persönlich: „Soriya, deine Mutter benimmt sich so merkwürdig. Sie ist so wütend. Du hast ihr doch nichts gesagt, oder?" – Ein Klos steckte mir im Hals. „Nein, von mir weiß sie nichts!", log ich. – „Aber warum ist sie nur so wütend? Ich hab ihr nichts getan. Ich weiß nicht, wie lang ich das noch aushalte." – Ich schluckte den großen Klos in meinem Hals runter und atmete tief ein. Jetzt setzte ich zum Gegenangriff: „Hör, ich hab dich angelogen, es ist raus! Wenn du mir noch mal zu nahe kommst, zeig ich dich an, hörst du? Ich geh bis vors Gericht! In der HWA wissen bereits alle davon." – Voller Angst bat er um Gnade: „Nein, bitte nicht. Haben wir nicht auch schöne Zeiten gehabt? Ich lass dich in Ruhe. Ich setz meinen Fuß nicht mehr in dein Zimmer." – „Wie kann ich dir glauben? Du hattest mir immer wieder versprochen, dass es das letzte Mal sei, aber das war es nie. Du hast mich bis aufs Letzte ausgenutzt. Nun ist Schluss!" Klick. Ich legte auf. Dem hatte ich es jetzt gegeben.

Am Mittwochmorgen, in der Zehn-Uhr-Pause, erzählte ich das Ganze Frau Steiner. Sie staunte nicht schlecht und lobte mich: „Das haben Sie genau richtig gemacht, Soriya. Ihm gedroht. Er soll ruhig Angst bekommen. So wird er sich auf alle Fälle nicht mehr hierher wagen!" – Am Mittag rief uns beide Herr Wüthrich zu sich: „Eine Ihrer Tanten hat soeben angerufen. Sie wünscht ein Gespräch mit uns. Anscheinend sei alles in Ihrer Verwandtschaft am Auseinanderfallen." Wir schauten uns an, ich, Frau Steiner und Herr Wüthrich und nickten dabei zuversichtlich. Sehr gut! Nun kommt mal alles ans Tageslicht.

Am Nachmittag kamen meine zwei jüngeren Tanten. Sie hatten beide genug, das sah man ihnen an. Die jüngste Tante begann: Gestern hatten wir aufgrund dieser Ereignisse eine Schwesternsitzung einberufen. Alle waren außer sich. Die älteren wollten dich sofort von hier holen und zur Untersuchung ins Spital bringen. Aber ich konnte sie zum Glück abhalten." – Es kam noch viel mehr raus, wie zum Beispiel, dass mein Stiefvater während der Ehe schon eine andere Frau geschwängert hatte. Dieser Schleimer! – „Wir denken, es ist besser für dich, wenn du vorläufig hier in Bern bleibst und gar nicht nach Biel kommst. Dort ist zurzeit zuviel

Unruhe“, empfahl mir die andere Tante. Frau Steiner und Frau Wüthrich, die ebenfalls anwesend war, nickten zustimmend. Ja, das war das Beste für mich. Anfang der Sommerferien holte ich das Nötigste. Als ich aber erfuhr, dass unsere Wohnung im späteren Herbst ausgeräumt würde, holte ich auch all das, was ich für wichtig hielt und was mir lieb war. Der Rest kam in die Entsorgung. Alle meine Briefe, der Schrank, die zwei Bürotische und und und. Ruhe fand ich trotzdem noch lange nicht. Immer wieder rief mich eine der älteren Tanten an und zerrte mich zur Anzeige, zur Untersuchung, zur Abwehr. Das solle ich mir nicht gefallen lassen. Ich solle ihn ins Kittchen bringen. – Es interessierte sie überhaupt nicht, wie es mir ging. Ich solle dies, ich solle das; was Besseres fiel ihnen nicht ein. Dabei hatte ich mich selbst noch nicht wieder im Griff. Seit Sommer 1999 besuchte ich zusätzlich eine psychologische Beratung. Dort merkte ich selbst: Ich war noch nicht soweit.

* * *

Ich hatte den Eintritt zur Vorlehre zum Verkauf geschafft, einem Vorbereitungsjahr zur richtigen Lehre. Meine liebe Klassenlehrerin, Frau Zahnd, schenkte mir immer wieder Kraft und Zuversicht, dass ich es in die Lehre schaffe. Sie zweifelte nie an mir und dafür hatte sie auch keinen Grund. Denn in der Schule gab ich alles. Dafür lebte ich. Als erstes bekamen wir die Aufgabe, einen Vortrag über ein beliebiges Thema vorzubereiten und vorzutragen. Ich wählte mir den Vulkan“ aus. Weshalb? Weil ich mich kürzlich genauso fühlte: explosiv!
Bereits am Anfang dieser Vorlehre wurde uns von den Lehrer/innen nahe gelegt, dass jede/r jeden gleich respektieren solle und dass niemand den anderen fertig machen dürfe. Dies trug dazu bei, dass wir ein wirklich sehr gutes Klima in der Klasse hatten.

Foto 14: Auf der Diplomreise (mit der HWA) in Wien. Der Rundgang durch den Schlosspark Schönbrunn war sehr bemerkenswert. Etwas erleichtert blickte ich in die Kamera. Aber ich wusste: Der harte Kampf fängt jetzt erst richtig an.

16. Alles fällt auseinander

Im Herbst erhielt ich einen Anruf von meiner Schwester: „Unsere Mutter ist wieder in der Waldau“, berichtete sie. „Mach dir aber keine Sorgen! Es ist nicht deine Schuld. Sie ist einfach zu schwach. Schau lieber, dass es dir besser geht! Ich und Ni, wir kommen schon zurecht. Hörst du, Schwester?“ – Meine Stimme erstickte. Genau das wollte ich verhindern. Ich hatte es nicht geschafft. Ich war am Ende, zerstört. Ich hatte eine Wut, eine Wut auf mich selbst. Tränen stiegen mir in die Augen. Frau Wüthrich war anwesend und kam zu mir in die Küche. Sie sah, dass ich völlig aufgelöst war. Ohne lange zu überlegen nahm sie mich in ihre Arme, umarmte und tröstete mich. Sie sagte immer wieder: „Es ist nicht Ihre Schuld, Soriya! Es ist nicht Ihre Schuld.“ – Das tat so gut. Ihre mütterliche Art. Ihre beruhigende Stimme. Die Wärme zu spüren. Die Sicherheit, einen Platz zu haben, wo ich vorläufig sein konnte. Für einen Augenblick fühlte ich mich richtig geborgen.

Aber trotzdem, am Wochenende stand ich kurz vor dem Aus. Ich war alleine in der Wohnung, in der Küche. Stand direkt vor der Küchenschublade, öffnete sie und nahm ein scharfes Messer heraus. „Soll ich oder soll ich nicht?“, waren meine Gedanken. Auf einmal hörte ich Stimmen, Stimmen in mir. Die eine: „Ein Stich ins Herz und dann ist alles aus. Dann hast du endlich deine Ruhe.“ Die andere: „Nein, tu das nicht! Willst du wirklich alles wegwerfen? Alles, wofür du so lange gearbeitet hast?“

Sie rissen mich beide hin und her. Ich richtete das Messer gegen mein Herz. Sekunden voller Zweifel und doch voller Entschluss. Ein schwerer Atemzug folgte. Ich brachte es nicht übers Herz. Nicht übers Herz, mich selbst umzubringen. Die Engelsstimme gewann die Oberhand. Zögernd legte ich das Messer zurück in die Schublade. So habe ich das Glück, heute noch zu leben.

17. Mach ich's oder mach ich's nicht?

Was würde es bringen, wenn ich eine Anzeige gegen meinen Stiefvater erstattete? Frieden? Ruhe? Die Familienehre zu retten oder einfach mein Selbstwertgefühl. Was ist mir wichtiger? – Diese Fragen kreisten häufig in meinem Kopf. – Aber wenn ich davor wegrennen würde, würde es mir auch nicht helfen. Ich mach es!
Im Dezember hatte ich erneut einen Beratungstermin in der Rotmattstrasse. Frau Nissen legte mir nochmals alles genau vor Augen: „Überlegen Sie es sich gut, Frau Pann, was Sie wollen. Sich zurückziehen, ihre Ruhe finden oder die Anzeige gegen Ihren Stiefvater ansetzen? Die erste Möglichkeit wäre einfacher, die zweite könnte Ihnen noch viele Nerven kosten." Ihr Büro strahlte eine angenehme Atmosphäre aus. Eine Atmosphäre, die mir Zuversicht und Sicherheit schenkte. „Ich kenne viele junge Frauen, die sich für eine Anzeige entschieden haben, danach aber mit den Nerven und psychisch völlig am Ende waren." – „Ich mache die Anzeige!", sagte ich entschlossen. „Denn es bringt nichts, wenn ich davonrenne. Früher oder später wird es mich einholen." – „Nun gut. Sie werden auf alle Fälle von uns, der Opferhilfe, unterstützt. Sie bekommen eine Anwältin, die sich bereits sehr gut in solchen Fällen auskennt. Ich werde sie in diesem Fall demnächst kontaktieren. Wegen der Kosten müssen Sie sich keine Sorgen machen. Diese werden für Sie übernommen", erklärte sie. – Da fiel mir schon mal ein Stein vom Herzen.

* * *

Diese Weihnachts- und Silvesterzeit verbrachte ich alleine in Stettlen. Genug Zeit und genug Raum, um mir klar zu werden, was mich erwarten würde.
Im Januar 2000 bekamen wir den ersten Termin bei Frau Kreuzer, meiner zukünftigen Anwältin. Freundlich wurden wir von der Sekretärin begrüßt: „Guten Tag. Bitte setzen Sie sich einen Augenblick ins Wartezimmer. Frau Kreuzer kommt gleich." – Wenige Augenblicke später öffnete sich die Wartezimmertüre. Eine große, ältere Frau mit braunen, lockigen Haaren stand vor uns. Sie ging auf Frau Nissen zu und grüßte sie freundschaftlich: „Hallo, Claudia, (Muntsch, Muntsch, Muntsch) wie

geht's? – „Danke, gut und dir?" – „Immer auf Trab. Aber gut, danke." Sie kehrte sich zu mir und reichte mir ebenfalls freundlich die Hand. „Folgt mir! Wir gehen in mein Büro."

Ihr Büro wirkte groß. Grosser als das von Frau Nissen. Da drin hätte ihr Büro bestimmt noch ein zweites Mal Platz gehabt. Vor uns standen vier lange, zusammengestellte Tische mit Stühlen. „Setzt euch!", forderte sie uns auf. „Also, ich habe schon einiges mitbekommen. Aber jetzt, Frau Pann, erzählen Sie es mir bitte noch mal! Was ist genau vorgefallen?" – Ich schluckte ein-, zweimal. Wusste nicht, wo ich anfangen sollte. – „Wollen Sie ein Glas Wasser?", fragte sie mich. – „Ja gerne. Das könnte mir helfen." – Sie ging raus und kam mit zwei Gläsern Wasser zurück. Eins für mich, eins für Frau Nissen. Gluck, gluck, gluck, tönte es. „So jetzt aber. Was war vorgefallen?", fragte sie erneut und blickte mich an. Freundlich und doch direkt.

„Also, es begann im Januar letzten Jahres. Er machte mir gegen meinen Willen, aber auf Wunsch meiner Mutter, wieder eine Kopf- und Ventilmassage, die bei mir von der Kopfnarbe aus, hinter den Ohren, zwischen den Brüsten bis rechts unten zum Bauch führt. Er hatte, wie üblich, seinen Sarong an. Anfangs ging es wie gewöhnlich zu, er massierte. Aber dann, er wollte unter meinem BH über meine Brüste, aber ich deckte sie rasch mit meinen Händen fest zu. Er massierte weiter. Auf einmal setzte er sich rittlings über mich und dann …", meine Stimme bebte. Ich hatte Mühe weiterzureden, schnappte nach Luft. Es war sichtlich mühsam, alles aus meiner Nase ziehen zu müssen. – „Hm, es wird schwierig!", sagte sie zu Frau Nissen gewandt. „Wollt ihr es wirklich anpacken? Vor Gericht müssen Sie schon noch mehr geben, Frau Pann." Sie blickte mich ernst an. Tränen stiegen mir in die Augen. „Doch, ja, ich will es machen. Sonst komm ich nie davon weg!" Ich war fest entschlossen.

„Gut. In diesem Fall. Ich kümmere mich um die Verfügung und lasse die nötigen Unterlagen dem Untersuchungsrichter in Biel zukommen. Sie werden die Anklage selbstverständlich zuerst zu lesen bekommen um bei Fehlern, die vielleicht auftreten könnten, Korrekturen anzubringen. Haben Sie Ärzte, die Unterlagen über Sie verfügen?" – „Ja, das sind einige." – „Können Sie die entbinden? Ich meine damit, dass diese das, was man über Sie während der Behandlung festgestellt hat, weitergeben dürfen?" – „Das sollte kein Problem sein. Ich habe nichts zu verbergen." – „Na also, das hätten wir. Sie werden so bald wie möglich von mir hören." – Wir verabschiedeten uns und verließen das Haus. Draußen wehte ein frischer, kalter Wind.

* * *

Kurze Zeit später hatte ich ein Auswertungsgespräch mit dem Filialleiter vom Migros Chly Wabere, wo ich mich ausbilden ließ. „So, Frau Pann. Wie fühlen Sie sich bei uns?" – „Sehr gut, danke." – „Und mit der Arbeit, gefällt es Ihnen?" – „Ja, doch. Es gefällt mir gut." – „Ich habe auch nichts Schlechtes über Sie gehört. Sie gehen stets motiviert an die Arbeit. Ich denke, Sie schaffen es, die Lehre hier zu machen." – Freude huschte über mein Gesicht. – „Aber das hat immer noch Schönbühl zu entscheiden. Sie haben demnächst doch noch einen Test, nicht wahr?", fuhr er fort. – „Ja, da haben Sie recht. Im Februar, März irgendwann. Ich weiß es noch nicht genau. Werde wahrscheinlich bald eine Nachricht erhalten."
Mitte Februar war es soweit. Ich hatte den Test. Mit mir schrieben ihn neun weitere. Danach bekam ich ziemliche Bauchschmerzen. Ich hatte kein gutes Gefühl – eher Angst, durchzufallen. Aus diesem Grunde schrieb ich gleich kurze Zeit später einen langen Brief an Frau Hübschi, die die Tests abnahm. Ich bat sie darin um die Aufnahme zur Lehre und erklärte ihr, wie wichtig dies für mich sei; einen festen Boden unter den Füssen zu haben, eine richtige Lehre zu machen als Bestandteil meiner Zukunft und wie lange ich schon dafür gearbeitet und gekämpft hätte. Mit meiner momentan schwierigen familiären Situation sei es überhaupt nicht einfach. Der Brief endete mit einem freundlichen Gruß. Ich wusste nicht, wie sie darüber dachte, als sie diesen Brief las.
Meine Gedanken nur daran hängen zu lassen wollte und konnte ich aber nicht, denn ich musste mich nebenbei zusätzlich fürs Gericht vorbereiten. Dazu erwartete mich schon bald, im April, erneut ein Gespräch mit Frau Nissen: „Soriya, bevor wir weiter über das Vorgefallene reden, muss ich Ihnen etwas Wichtiges mitteilen. Es wird für Sie nicht gerade erfreulich sein, aber ich muss. Ich habe auf diesen Sommer gekündigt und werde in Basel eine Stelle im privaten Rahmen antreten. Ich dachte, dass es wichtig sei, dass Sie das wissen."
Ich brachte keinen Ton mehr raus. Der Schock saß zu tief. Ich konnte

keine klaren Gedanken mehr fassen. „Was bedeutet das nun für mich?“, fragte ich mich. „Mich wieder jemand neuem anvertrauen? Mich erneut öffnen müssen?“ – Frau Nissen unterbrach mich in meinen Gedanken: „Ist alles in Ordnung, Frau Pann?“ – Ich blickte sie unsicher an, stammelte ein „Ja, doch“ hervor. Mehr kam in diesem Augenblick nicht aus mir heraus. – „An meiner Stelle kommt eine neue Mitarbeiterin in das Team. Wenn es Ihnen recht ist, gebe ich ihr Ihre Unterlagen weiter. Wenn es Ihnen lieber ist, können wir vielleicht als erstes gleich eine Dreiersitzung einberufen. Wie fänden Sie das?“ – „Och …, nein danke. Ich denke, ich brauche ein bisschen Zeit. Ich will nicht sofort weitergehen“, verneinte ich. – „Nun gut. Unsere Stunde ist auch schon wieder vorbei. Wir sehen uns in diesem Fall in drei Wochen wieder.“ Sie schüttelte mir die Hand. – „Ja, in diesem Fall …“, gab ich nachdenklich zurück. Hinter der Türe konnte ich es aber nicht mehr verbergen. Der Schmerz und die Verzweiflung stiegen in mir hoch. Tränen schossen mir in die Augen. „Warum, warum gerade jetzt? Jetzt, wo alles gerade erst anfängt?“ Ich war aufgewühlt. Es tat so weh. So weh zu wissen, dass sie gehen wird. Sie, die mir die Geborgenheit hier geschenkt hatte. Mit der ich über Familiäres sowie über Intimes reden konnte. Nein, das durfte nicht wahr sein! Aber, es war wahr.

In der AWG wollte niemand verstehen, wie schwierig das für mich war. „Ja, so ist das eben. Aber so schlimm ist das doch nicht. Es wird jemand anderes kommen“, beruhigte mich Frau Wüthrich am Abend. Aber ich war nicht zu beruhigen. Der Schmerz darüber tobte zu sehr in mir. In dieser Nacht schlief ich kaum. Ständig kehrte ich mich im Bett mit nassen Augen hin und her. Ich war zu aufgewühlt. Ich schrie in mein Kissen: „Neeeeeein! … Das tut so weh!“ Ich boxte immer wieder in mein Kissen, in die an der Wand lehnende Matratze und hätte wohl am liebsten auch auf den Boden gestampft. Aber stattdessen schlug ich meine Beine wild auf meiner Matratze auf. Es gab mir keine Ruhe. Dieser Schmerz verfolgte mich noch monatelang. Ich hätte nie gedacht, dass mir ihr Weggehen so wehtun würde.

* * *

Wenige Wochen darauf erhielt ich einen Brief von der Lehrlingsausbildung Migros Aare: „Liebe Soriya, wir freuen uns, Sie im Sommer als Lehrtochter willkommen zu heissen …“ Ich war außer mir vor Freude. So viel bedeutete das für mich. Am Montagabend darauf, vor den Sommerferien, kam Frau Steiner zu uns und die frohe Botschaft sprudelte nur so aus mir raus. Sie lächelte mich an und gab schmunzelnd zu: Ja, Soriya, das haben wir in der HWA bereits vor einer Woche erfahren. Aber wir wollten Ihnen die Freude lassen, es selbst zu hören oder zu lesen.“ – So wurde es für mich also trotz allem ein wunderschöner Sommer.

18. Das Handicap

Ich genoss eine kurze Sommerpause. Die Lehre begann bereits am 2. August 2000. Eine spannende Zeit erwartete mich. Am 3. August 2000 lernte ich viele neue Gesichter kennen. Darunter 74 frischgebackene Lehrlinge und Lehrtöchter. – „Wir begrüßen euch alle herzlich zum ‚Start off day'", tönte es von vorne. „Ihr habt sicher noch nicht gefrühstückt. Nun stärkt euch erst mal!" – Wir wurden in ein mittelgroßes Zimmer geführt, in dem ein Frühstücksbuffet bereitstand. Hm, dass sah richtig lecker aus.

Nach dieser kleinen Stärkung ging die Führung weiter in einen großen Saal. Darin standen viele Stühle in fünf langen Reihen, die nur noch auf uns warteten. Alle suchten sich schnell einen Platz. Vorne auf einem großen Block stand farbig mit einem Herz: „Herzlich willkommen zum ‚Start off day'!" – Der Raum füllte sich mehr und mehr mit jungen Gesichtern. Am Schluss trat das ebenfalls junge Lehrlingsausbildungsteam ein, das mir schon vom ersten Augenblick an sehr sympathisch rüberkam. Nach den wichtigsten und bündigsten Informationen erklärte uns Herr Schaad, der Leiter des Ausbilderteams: „Ihr seht, ihr habt alle einen großen Papiersack neben euren Stühlen, in dem ein farbiger Kugelschreiber ist. Die Farbe des Kugelschreibers bestimmt, in welcher Gruppe ihr heute seid. Die große Tasche braucht ihr, um all die Informationen, die ihr bei jeder und jedem meiner Kolleginnen und Kollegen erhalten werdet, sorgfältig aufzubewahren und mitzunehmen. Dazu geht ihr gleich mit der Gruppe runter in die Migros Klubschule. Dort dreht ihr einfach die ganze Runde, bis ihr alle Informationen in der Tasche habt. Alles klar? Also, los geht's!" Jede Gruppe bekam bis zum ersten Posten einen Führer beziehungsweise eine Führerin. Auf dem Weg dorthin gab es die ersten Möglichkeiten, Kontakte zu knüpfen.

Ein sehr schöner und interessanter Tag nahm seinen Lauf. Am Schluss durften sich alle eine beschriftete Wunschkarte, auf der wir nur noch unseren Namen ergänzen mussten, und einen fliegenden Ballon schnappen. Draußen versammelten sich alle damit auf der Wiese. Vor uns stand das Lehrlingsausbildungsteam und eine Frau, die nur noch darauf wartete, ein Foto von uns zu schießen. Gar nicht einfach, alle auf ein Bild zu kriegen. Und endlich war es soweit. Eins, zwei, drei, und die Luftballone wurden losgelassen und sie stiegen und stiegen in die Höhe und Weite. Wir blickten ihnen noch eine Weile nach. Damit endete dieser Einführungstag auch schon.

* * *

Der Oktober startete sehr verheerend für mich. Mein rechtes Handicap zeigte sich im Extremen. Angefangen hatte es in der Lektion Informatik in der Schule. Wir mussten alle das Zehnfingersystem lernen. Ständig, wenn ich versuchte, im Takt mit den anderen zu bleiben, verkrampften sich mein rechter Arm und meine rechte Hand immer mehr. Es fing an, mir solche Schmerzen zu bereiten, dass ich diese Seite kaum noch bewegen konnte. Ich war völlig am Ende, am Ende mit mir selbst. In der Schule konnte man gut verfolgen, wie meine Noten von der oberen Hälfte zur unteren sanken. Dies war kein Wunder, denn meine Denkzellen waren alle verstopft. Verstopft mit Angst und Sorgen, die sich um meinen Körper und meine Beweglichkeit drehten. Ich bekam furchtbare Angst, wieder in meine damalige Lähmung zurückzufallen. Bereits seit dem Sommer bereitete mir die rechte Seite wieder enorme Schwierigkeiten. Aber in diesem Monat hatte sie voll zugeschlagen. Sie wollte mir nicht mehr auf die normale Art und Weise folgen. Nein, ich musste sie richtig zwingen oder mitziehen zu dem, was ich machen wollte. Aber damit nicht genug. Sie fing zusätzlich an, mich psychisch und physisch in der Schule und bei der Arbeit abzulenken, was sehr bedenkliche Folgen mit sich zog. Ehrlich gesagt, ich war nahe daran meine Lehre aufzugeben, sie hinzuschmeißen und mein Leben dem Schicksal zu überlassen. Doch dank den guten Menschen, die um mich standen, die an mich glaubten und mir Stärke schenkten durchzuhalten, kam es nicht so weit.

Ende November sprach mich daraufhin einer meiner Lehrer auf der Schultreppe an: „Frau Pann, haben Sie private Probleme oder Schwierigkeiten? Brauchen Sie Hilfe?“ – Zögernd antwortete ich: „Ja …, meine rechte Seite macht mir so extreme Schwierigkeiten. Ich weiß nicht mehr, wo mir der Kopf steht.“ – „Hatten Sie einmal einen Unfall?“, fragte er weiter. – „Nein, mit 12 Jahren eine plötzliche schwere Hirnblutung. Ich war dadurch monatelang rechtsseitig gelähmt. Seit Monaten macht mir nun diese Seite wieder dermaßen Probleme. Besonders beim Maschinenschreiben. Andauernd verkrampft sie sich und das tut so weh." – „Hm, haben Sie einen Hausarzt? Könnte er mir darüber schriftliche Auskunft geben? Denn ohne schriftliche Auskunft kann ich nichts veranlassen." – „Ja doch, mein Hausarzt, Dr. Weber aus Täuffelen, könnte das." – „Und, besuchen Sie zur Zeit eine Therapie?" – „Nein. Ich denke aber, eine Ergotherapie würde mir helfen." – „Kommen Sie gleich mal mit ins Sekretariat. Sie können Ihren Hausarzt anrufen und mit ihm einen Termin vereinbaren. Dabei sprechen Sie ihn auch wegen des Arztzeugnisses an."

Wir gingen zusammen ins Sekretariat. Weil ich die Nummer nicht gerade bei mir hatte, suchte sie mir die Sekretärin aus dem elektronischen Telefonbuch raus. Ich wählte die Nummer und hielt den Hörer ans rechte Ohr. Es klingelte zwei-, dreimal. Da meldete sich eine freundliche Stimme am anderen Apparat: „Praxis Dr. Weber." – Ich verlangte meinen Hausarzt und hatte Glück, er war gerade frei. Ich informierte ihn kurz über meine Lage und wir vereinbarten noch für die gleiche Woche einen Termin. – „Also, Frau Pann. Wie gesagt: Sprechen Sie Ihren Hausarzt wegen des ausführlichen Arztzeugnisses an. Er kann mich bei Fragen auch persönlich telefonisch erreichen. Meine Telefonnummer haben Sie. Nun können wir nur noch auf eine baldige Besserung hoffen", vollendete der Lehrer unser Gespräch. Ich ging wieder rüber zu den anderen ins Schulzimmer, diesmal aber mit einem deutlich leichteren Gefühl. Ich fasste wieder Hoffnung, Hoffnung für meine verzwickte Situation.

Zwei Wochen später: Ich hatte meine erste Ergotherapiestunde seit langem. Effingenstrasse 25 lautete die Adresse. „Hallo, ich bin Frau Huschke", begrüßte mich die Ergotherapeutin. Sie war nicht viel großer als ich und hatte kurze, dunkle Haare. „Sie haben mit der rechten Seite Schwierigkeiten, habe ich gehört und gelesen." – Ich nickte. – „Nun, was ich anbieten kann, ist massieren oder Fingerbeweglichkeitsspiele beziehungsweise -übungen mit Ihnen zu machen. Was ist Ihnen lieber?" – „Hm, also, ich denke, das Massieren ist für den Anfang ganz gut."

Gesagt, getan. Ich durfte mich auf die Matte legen. Sie rieb sich die Hände mit ein bisschen Öl ein und fing an zuerst meine rechte Hand, dann den Arm und zuletzt das Bein zu massieren. So ging es ein paar Mal weiter. Am Ende der Massage ließ sie mir meistens Zeit, um mich zu besinnen. Dabei fragte Sie mich einmal: „Was sehen Sie?" – Meine Augen hatte ich geschlossen. Aber ich sah Bilder in ihnen, vielleicht ein Wunschbild, das mich in Tränen ausbrechen ließ? Mit bebender Stimme antwortete ich: „Ich …, ich sehe mich liegen oder … in der Luft liegend. Meinen Körper, meine rechte Seite … neein! Sie … sie zerfällt, zerschmilzt, zerrieselt zu Sand. Das … das tut so weh! Wie schön wäre es nur, wenn ich sie mit einer gesunden, voll funktionstüchtige Seite auswechseln könnte. Das, das wäre so schön.“ – Stille. – „Ja, Frau Pann, ich verstehe, wie sehr Sie sich das wünschen, aber das wird niemals möglich sein. Ihre rechte Seite bleibt Ihre rechte Seite. Sie wollen sie abhacken, aber das wird niemals möglich sein. Sie müssen versuchen, mit ihr eins zu werden. Das können wir hier zusammen üben. Sie müssen es nur wollen“, versuchte sie mich zu beruhigen. – Ich schluckte. Warum war es bei mir nur immer so schwierig? Warum konnte ich es nicht einfach mal leicht haben? Diese Fragen kreisten in meinen Gedanken. Aber ich musste Frau Huschke Recht geben. Ich konnte diese Seite nicht einfach abschneiden, wegwerfen oder auswechseln. Sie würde auf ewig mein Körperteil bleiben, meine Hand. Es dauerte eine Weile, bis ich mich ganz damit abfinden und anfreunden konnte. Aber es musste sein.

19. Weihnachten

Im Dezember war wieder der große Rummel los. Das merkte ich in unserem Geschäft sehr gut. Der heiligste Monat des ganzen Jahres sei das, sagen viele. Ein Monat, der aber auch mit viel Hektik und Stress für die meisten verbunden ist.
In meiner Kultur beziehungsweise Verwandtschaft ist dieser Monat aber leider kein besonderer, sondern einer wie jeder andere. Nur mit ein bisschen mehr Rummel und Bummel, das merkten sie schon. Sie kannten kein Weihnachtsfest oder sahen dies nicht als besonderen Anlass, um sich gegenseitig etwas Gutes zu tun, was ich persönlich als sehr traurig empfinde. Vielleicht kam dieses Gefühl daher, weil ich seit meiner Geburt in zwei verschiedenen Welten lebte. Besonders seit meiner Reise von Ort zu Ort, wo ich ständig wieder mit anderen zusammenlebte und deren Kulturen näher kennen lernte. Weihnachten kann so was Schönes sein, wenn man es nur an sich heranlässt. Vielleicht kam mein Gefühl daher, weil ich mich in den letzten Jahren schon so sehr angepasst hatte und dies bereits erleben durfte. Natürlich sollte jede Kultur so bleiben, wie sie ist, aber sich auch an anderem erfreuen können. Das wäre doch sicher nicht schlimm und bestimmt nicht zuviel verlangt, oder?
Na ja, auf jeden Fall ging es in unserem Betrieb ganz anders zu und her. Bei uns war der Endspurt des Jubiläumsjahrs angesagt. Während dieser Zeit merkte ich, wie mir die Kundschaft immer näher kam. Einige lernte ich bereits mit Namen kennen. Teilweise entstanden interessante Gespräche, wenn auch nur kurz. Was mich in dieser Zeit aber besonders erfreute, waren die schönen Rückmeldungen und die liebevollen Worte, die ich von vielen zu hören bekam. Wie diesen Satz: rechte Seite. Sie wollen sie abhacken, aber das wird niemals möglich sein. Sie müssen versuchen, mit ihr eins zu werden. Das können wir hier zusammen üben. Sie müssen es nur wollen", versuchte sie mich zu beruhigen. – Ich schluckte. Warum war es bei mir nur immer so schwierig? Warum konnte ich es nicht einfach mal leicht haben? Diese Fragen kreisten in meinen Gedanken. Aber ich musste Frau Huschke Recht geben. Ich konnte diese Seite nicht einfach abschneiden, wegwerfen oder auswechseln. Sie würde auf ewig mein Körperteil bleiben, meine Hand. Es dauerte eine Weile, bis ich mich ganz damit abfinden und anfreunden konnte. Aber es musste sein. „Das

ist für Sie, Frau Pann, weil Sie immer so freundlich sind." – Mein Herz hüpfte dabei vor Freude. Aber nicht etwa wegen des Materiellen (einmal erhielt ich fünf Franken, ein anderes Mal eine hölzerne Sternendose mit einer Kerze in der gleichen Form), sondern wegen der Herzlichkeit. Ja, das sind Freuden, die man einem nicht nehmen kann.

* * *

Ende Januar 2001 meldete sich meine Bezugsperson krank. Was konnte sie nur haben, fragte ich mich. Dachte mir aber noch nichts Schlimmeres dabei. Nach zwei Wochen hieß es weiter: „Es ist schlimmer als gedacht. Sie wird eine längere Zeit nicht mehr kommen." – Ich fing an zu bibbern. „Bitte, bitte, Frau Steiner! Bitte lassen Sie mich nicht im Stich! Bitte, bitte, werden Sie gesund!", bat ich tief im Herzen. Ich dachte mir schon die schlimmsten Krankheiten aus, die sie haben könnte: Krebs, Lungenentzündung etc. Sagen, was Sie hatte, wollte man mir nicht. Es sei ein Arztgeheimnis. So bibberte ich also noch Wochen weiter. Aber nicht einmal an meinem Geburtstag, am Montag, dem 4. März 2001, konnte sie wieder gesund sein. Das versetzte mich in noch größere Angst. Was sie hatte, ließ man mich immer noch nicht wissen, und wie lange es noch dauerte, wollte und wollte man mir nicht sagen. Also schwankte ich tief in der Angst, sie könnte schwer krank sein, vielleicht sogar sterbenskrank. Wenn man mir nur diese Angst nehmen könnte, wäre es nicht so schwer. Aber sie wollten mir schlichtweg nichts sagen.

Seitdem wurde ich mit Haushaltsarbeiten so unter Druck gesetzt, dass ich dem nicht mehr standhielt. Mir fehlte schlichtweg die Zeit zum Lernen. Dieser Zeitdruck belastete mich viel mehr als zuvor. Mit drei bis fünf Prüfungen in der Woche musste man den Kopf beisammenhalten, aber ich schaffte es nicht mehr. Dementsprechend sanken auch meine Noten. In meiner größten Verzweiflung ging ich eines Morgens zur Klassenlehrerin und bat sie um Hilfe: „Frau Merinat, ich brauche Ihre Hilfe! Ich, ich schaff es nicht mehr! Die ganze WG-Situation macht mich fix und fertig. Ich finde keine Zeit mehr zum Lernen. Ständig hämmern sie bei mir, ich solle noch dies, das und jenes machen und wenn ich mal einige Stunden frei habe, soll ich einkaufen gehen oder sie lästern darüber, dass ich nichts gemacht hätte. Dabei wissen sie alle haargenau, ich habe einen

Arbeitsweg von fünf Viertel bis eineinhalb Stunden hin und zurück und brauche auch ein bisschen Zeit für mich. Aber das versteht niemand."
Tränen stiegen mir in die Augen, so verzweifelt war ich. Frau Merinat sah sofort, in welcher Lage ich mich befand. Sie riet mir: „Nehmen Sie Kontakt mit Frau Stuber auf, unserer Schulpsychologin. Sie hilft Ihnen sicher weiter. Ich rate Ihnen, gehen Sie zu ihr! Vielleicht am besten noch heute, in der Pause, oder machen Sie mit ihr telefonisch einen Termin ab. So kann sie sich besser die Zeit dazu einteilen." – Dass wir in der Schule auch eine Schulpsychologin hatten, daran hatte ich nicht gedacht. Ich hatte ja bereits privat eine wegen des Vorfalls mit meinem Stiefvater. Ich rief die Schulpsychologin noch am selben Abend an und vereinbarte mit ihr für die folgende Woche einen Termin.

Leider fand dieser aber in der Schulzeit statt. Der Lehrer, der in dieser Stunde unterrichtete, war sicherlich nicht gerade begeistert, als er das mitbekam, aber es musste sein. Bei unserem ersten Gespräch wollte Frau Stuber mich zuerst einmal kennen lernen. Ich sollte von mir erzählen, wie und wo ich lebte. Wie meine Familienverhältnisse außehen würden und was für Probleme ich hätte. Frau Stuber verstand sehr gut, in welch schwieriger Lage ich mich befand. „Ich denke, wir regeln das am besten direkt mit ihrem Chef und der Lehrlingsausbildung. Dabei würde ich vorschlagen, reden wir über einen Stellenwechsel oder Zeitverminderung. Denn sonst sitzen Sie wirklich in der Klemme und das wollen wir nicht", schlug sie beim zweiten Gespräch vor. Ich war so erleichtert. „Jetzt kommt es gut", dachte ich mir.

In der ersten Frühlingsferienwoche bekam ich aber bereits den zweiten großen Schock. Frau Steiner hatte gekündigt. „Neeeeeeein!", schrie ich. Wie konnte sie mir das antun? Wenn sie wenigstens vorbeigekommen wäre und mit mir persönlich ein abschließendes Gespräch über den laufenden Fall geführt oder wenigstens angerufen hätte, wäre das etwas anderes gewesen – aber so? Nicht einmal von einer Leiterin vernahm ich das. Nicht einmal einen telefonischen Funk bekam ich. Nein, ich vernahm es per Zufall durch eine Wohnkollegin, die gerade vor dem Fernseher saß. Das gab mir den Rest! „Warum, warum nur?", fragte ich mich ständig. Ich konnte es immer noch nicht fassen.

Ich wollte es zuerst nicht glauben und schrieb ihr noch mehrere Briefe, worauf sie jedoch nicht antwortete. Anstatt einer Antwort bekam ich einen riesigen Rüffel von der HWA. Ich solle sie in Ruhe lassen und so weiter. Die ganze Welt brach für mich zusammen. Eine ganze Welt des Vertrauens, welches ich erst gerade gefunden hatte. Warum konnte sie mir das nicht selbst mitteilen? Es dauerte wieder Wochen, Monate, bis ich damit zurechtkam.

* * *

In der dritten Schulferienwoche hatte ich zum Glück ein Gespräch mit meinem Filialleiter, der Lehrlingsausbilderin Frau Käser und Frau Stuber, das mich für einige Stunden von der Geschichte ablenkte. Von einem Filialwechsel riet mir der Filialleiter, Herr Schürch, ab und Frau Käser stimmte ihm zu: „Das würde Sie noch mehr runterreißen. Hier kennen Sie sich schon aus, am neuen Ort müssten Sie sich ganz von neuem orientieren. Eine Arbeitszeitverminderung sähe ich da eher als eine Lösung."
Ich blickte Frau Stuber an, sie nickte mir aufmunternd zu. So einigten wir uns darauf, dass ich am Abend stets eine Viertelstunde früher Feierabend machen durfte, damit es mir auf den früheren Tram- und Zuganschluss reichte. Das erleichterte mich nun doch um einiges. Denn damit konnte ich stets eine halbe Stunde früher zu Hause sein. Nach den Frühlingsferien, an einem Mittwochabend, zog mich Frau Wüthrich auf den großen Balkon. Sie wollte mit mir nochmals über die Situation mit Frau Steiner reden. Ich mochte aber nicht viel reden. Ich war enttäuscht, innerlich verletzt, aber das wollte niemand sehen. Nur weil ich schon so vieles hinter mir hatte und immer noch stand, musste das doch noch lange nicht heißen, dass ich ein Herz aus Stahl hatte! Auch ich hatte Gefühle, wie jeder anderer Mensch auch. Aber wie weh das tat, konnte niemand verstehen, wollte niemand verstehen. Ich musste mir einen neuen Stand aufbauen, ein neues Selbstbewusstsein. Wenn auch ohne Frau Nissen oder Frau Steiner. Ich schwor mir, nie mehr mein Vertrauen zu verschenken. Und wenn, dann sollte es erst durch eine harte Prüfung gehen. Jeder Schmerz tut weh, das wusste ich. Er machte mich aber trotzdem jedes Mal stärker. Auch wenn es manchmal nicht gleich danach aussah.

20. Die Vernehmung

Im Mai 2001 erhielt ich die erste Vorladung zur Vernehmung. Endlich kam die ganze Sache ins Laufen. Am Donnerstag, 31. Mai 2001, erschien ich in Begleitung meiner Anwältin im Verwaltungsgebäude Ringhof. Frau Kreuzer begleitete mich, weil sie wusste, dass ich niemanden mehr hatte, auf den ich sonst hätte zählen können. Zwei freundliche Polizistinnen in Zivil empfingen uns am Eingang. „Guten Tag, Frau Kreuzer, guten Tag, Frau Pann. Ich bin Frau Wuillemin und das ist meine Kollegin, Frau Basler." – Wir schüttelten uns alle die Hand. – „Bitte folgt uns! Das Befragungszimmer ist ganz oben." Wir folgten ihnen. Es gab viele Treppen und jede Etage sah aus wie die andere. Wenn ich alleine gekommen wäre, ich glaube, ich hätte es nicht gefunden. Polizisten in Uniform begegneten uns in den Gängen. Es ging aber noch weiter rauf. Sie führten uns in ein großräumiges Zimmer, wo in der Mitte ein großer Tisch und ringsum vier Stühle standen. Gemütlich sah es aus. Das Zimmer war ganz blau gestrichen, meine Lieblingsfarbe. In der linken Ecke stand ein gemütliches Sofa mit vielen herzigen Plüschtieren obendrauf und ringsherum. „Das ist aber süß", dachte ich mir. Frau Kreuzer nahm sich einen Stuhl und setzte sich weiter weg, in die Nähe der Türe vor der blauen Wand. Denn sie durfte nur als Begleitperson dabei sein.

Frau Basler erklärte mir: „Sie werden während der ganzen Befragung gefilmt. Oben, dort in der Ecke, sehen Sie eine Kamera. Erschrecken Sie nicht, wenn sie sich ab und zu bewegt. Ich mache mir zusätzliche Notizen. Befragt werden Sie hauptsächlich von Frau Wuillemin. Haben Sie Fragen? Ansonsten können wir starten." – Ich war bereit und nickte ihr zu. Am Anfang fragte mich Frau Wuillemin über meine Wohn- und Arbeitssituation aus. Dabei bekräftigte ich, dass ich später eine eigene Wohnung beziehen wolle. Ich erzählte ihr, wie ich das erste Mal Frau Steiner die familiäre Situation anvertraute. Auch, wie ich meinem Stiefvater im Juni 2000 telefonisch mitteilte, dass ich über den Missbrauch mit anderen Personen gesprochen hatte und ihm drohte, dass ich, wenn er mir nochmals zu nahe komme, bis vors Gericht gehen würde. Ich war zu dieser Zeit so froh, dass ich am Wochenende in der WG bleiben durfte, was nicht üblich war. Ich erzählte von der Massage, und weshalb diese in den Augen meiner Eltern so wichtig für mich wäre. Ich schilderte den ganzen Vorgang. Wie ich auf einmal einen kräftigen Stoss gespürt hatte und ihn sofort von mir stieß.

Beim zweiten Vorfall, im Auto von Affoltern nach Biel, fing ich an zu zittern und zu stottern. Mir wurde unbehaglich heiß. Die schrecklichen Erinnerungen stiegen in mir hoch. Ich schnappte nach Luft, suchte nach Worten und fing fast erneut an zu weinen und stotterte weiter hilflos herum. Ich versuchte zu erzählen, mit einem Gefühl voller Scham und Ekel. Nach einer Fünfviertelstunde machten wir eine kurze Pause. Frau Kreuzer kam zu mir: „Bravo, Frau Pann! Über Sie kann ich wirklich nur staunen. Bis jetzt haben Sie das hervorragend gemeistert. Hier, dieser kleiner Plüschigel wird Ihnen Kräfte schenken für die weitere Befragung." Sie setzte das herzige Plüschtier vor mir auf den Tisch. Wie süß! Aber auch Frau Basler und Frau Wuillemin erfreuten mich: „Sie haben das bis jetzt sehr gut durchgezogen, Frau Pann. Weiter so. Das letzte Stück schaffen Sie auch noch." – Das zu hören freute mich riesig. Es gab mir Mut und Kraft weiter zu machen.

Nach der Pause wurde ich hauptsächlich zu meiner familiären Situation und den Geschwistern befragt. Damit endete dieser Tag für mich. Frau Kreuzer war so begeistert von mir, dass sie mich zu einem Drink einlud. Und das, obwohl sie es eigentlich eilig hatte. Das fand ich echt lieb. Wir sprachen noch eine Weile über diese Befragungen und darüber, wie es jetzt wohl weitergehen würde. Anschließend fuhr sie mich zum Bahnhof, wo ich das Bähnli nahm und mit einem guten Gefühl nach Stettlen fuhr. In der WG erfüllte mich die Freude immer noch, so dass ich dieses Gefühl auf Papier bringen wollte. In der Form eines Gedichtes. So entstand dieses:

Stettlen, 31. Mai 2001

Freude

Freude herrscht, Freude herrscht.
Der vorerst höchste Berg ist bald beherrscht.
Blaue Quellen erfrischen die Stimmen,
und Lieder, die die Sinne erklimmen.

Was ist schöner, als eine Wiese voller Blüten?
Strahlend, wie die Sonne.
Strahlend, wie der Himmel.
Strahlend, wie das Lachen.
Strahlend, wie das Leben selbst,
das man spüren und führen kann.

Jeder Berg ist besteigbar.
Jeder Berg ist überwindbar.
Bloß immer ist es eine Frage der Zeit.
Denn viele Steine sind noch auf dem Weg.
Die warten auf den kräftigen Wind,
der sie wegweht.

Dazu braucht es viel Geduld und viel Mut,
Wille und Kraft, Glaube und innerliche
Macht.
Doch dies alles ist machbar.
Denn wo ein eiserner Wille steckt,
steckt auch eine eiserne Kraft!

Die von der internen Schule organisierte Sozialwoche stand bevor. Obwohl ich eigentlich in der HWA schon genug von Behinderten gesehen hatte, meldete ich mich dazu an. Am Montag, dem 11. Juni 2001, trafen wir uns in Langendorf zur Einführung in die folgende Woche. Treff in der Cafeteria, hieß es. Einige kannte ich bereits aus der Einführungswoche auf dem Balmberg.

Ein Gesicht war mir allerdings ganz neu. Sie saß alleine an einem Tisch.

Wie ich eben nun mal bin, ging ich gleich auf sie zu und sprach sie an: „Hallo, wer bist denn du? Dich hab ich im Internen noch nie gesehen. Ich bin Soriya." – Sie lächelte mich an und antwortete: „Ich heiße Bekime. Weil ich die dreijährige Lehre mache, darf ich erst im zweiten Jahr hier dabei sein. Aber das ist auch schön." – Wir kamen ins Gespräch und merkten bald, dass wir uns sehr gut verstanden. „Bekime, diesen Namen hab ich noch nie gehört. Woher kommt er?", fragte ich. – „Aus Mazedonien, also Ex-Jugoslawien." – Ich wurde unsicher. Sollte ich darauf eingehen? Ich hatte schon so viel Schlechtes aus diesem Land gehört. Trotzdem, ich wollte keine Vorurteile fällen. Das war und ist überhaupt nicht meine Art. Ich gab ihr die Chance mir zu zeigen, wer sie war. Und das erwies sich als sehr gut.

In der Pause tauschten wir bereits unsere Handynummern aus und schickten einander schöne Sprüche. Ich merkte bald, dass aus dieser Bekanntschaft mehr werden könnte. Eine dicke Freundschaft, vielleicht? Damals hatte ich aber noch nicht so richtig daran geglaubt, dass wir irgendwann mal feste Freundinnen werden könnten. Eine Freundin, der ich von A bis Z alles anvertrauen und über alles Mögliche reden könnte. Ich setzte zwar keine große Hoffnungen darauf, wünschte es mir aber von ganzem Herzen.

Frau Käser brachte an diesem Tag ihren behinderten Onkel mit. „Er hat zwar schon sehr viel dazugelernt und kann bereits mehrere Dinge selbstständig erledigen. Aber trotzdem braucht er, aufgrund seiner Behinderung, die nötige Unterstützung", erklärte sie uns. Es war ein sehr erfüllter Tag. Zusätzlich fertigten wir Broschen für den kommenden Freitag an, an welchem unsere Eltern zur Besichtigung der Ausstellung kommen würden. Am Schluss gab es wiederum ein schönes Gruppenfoto.

In der folgenden Sozialwoche vom 18. bis 21. Juni 2001 sammelte ich in Köniz, im Feldegg, neue Erfahrungen. Wir waren zu dritt an diesem Ort eingeteilt, in einer Wohngemeinschaft für leicht behinderte Menschen. Herr Stalder, der Leiter, begrüßte uns: „Ja hallo miteinander! Kommt mit ins Büro." – Wir folgten ihm. – „Ihr seid zu dritt. Es gibt hier drei Arbeitsschichten. Eine frühe, eine mittlere und eine späte. Die Frühschicht befasst sich mit Frühstück machen, Bewohner/innen aufnehmen, sie waschen und anziehen, mit ihnen frühstücken und sie danach entweder mit Spielen oder Putzen beschäftigen. In der mittleren Schicht sind sie

mit Spielen, Malen oder Zeichnen zu beschäftigen. Dann gilt es, mit ihnen zu kochen und nach der Mittagspause einen schönen Spaziergang zu machen. Die Spätschicht fängt mit dem Spazieren an, geht weiter zum Zvieri und es folgt die Unterhaltung sowie Beschäftigung mit den geistig Behinderten. Danach ist das Abendessen zu kochen und mit den Behinderten einzunehmen. So, ich denke, das war genug Erklärung. Wer will zuerst?", fragte er.
Ich meldete mich sofort für die Frühschicht. So hatte ich einen schönen Rundgang. Wie vermutet, war für mich nichts speziell neu. Ich lebte ja selbst wegen meiner Hirnblutung monatelang mit körperlich und geistig Behinderten zusammen. Aber trotzdem, es war interessant zu sehen, wie andere damit zurechtkamen.
Am Freitag trafen wir uns wieder alle in Langendorf, um unsere Erfahrungen auszutauschen und zu sammeln. Dabei gab es zwei Extras: Fred und Christine. „Wir wollen mit euch versuchen, die gesammelten Erfahrungen in Farben und Formen zu bringen", sagte Fred. „Bei mir könnt ihr allerlei mit Draht, Gips, Stein und Verband bearbeiten und herstellen. Bei Christine steht das Malerische im Vordergrund. Bei ihr könnt ihr malen, schneiden und kleben." – Viele meldeten sich für die handwerkliche Arbeit bei Fred. Ich entschied mich für die malerische Kunst. Wir arbeiteten zügig bis über Mittag.
In einer großen Pause schnappte ich mir kurz Frau Käser: „Frau Käser, darf ich Ihnen vielleicht etwas vorlesen, bitte? Es ist ein Gedicht, welches ich kürzlich geschrieben habe. Ich schreibe schon seit einiger Zeit. Sie entstehen alle aus meinem Leben und aus meiner Seele oder einfach aus der Situation." – „Selbstverständlich, Soriya. Ich höre Ihnen sehr gerne zu." – Ich strahlte, öffnete mein selbst gebundenes Gedichtbuch und las:

Stettlen, 14. Juni 2001

Das Sein, das Leben, der Tod

Was ist der Sinn vom Leben?
Was ist der Sinn vom Sein?
Ist das alles wirklich mein
oder doch nicht ganz rein?

Für was hab ich dieses bekommen?
Für was hab ich dieses verdient?
War es reiner Zufall oder
doch nur reines Glück?

Das sind Fragen, die ich mir schon seit einer Weile
immer wieder stelle und bekenne.
Tag und Nacht, früh und spät.
Ohne Ruh, ohne Rast. Ohne Müh', ohne Last.

Was würde der Tod mir wohl bringen?
Was würde er mir wohl ringen?
Die lang ersehnte Ruhe,
die lang ersehnte Stille?

Ist es das, was ich mir wünsche?
Ist es das, oder doch nicht ganz das Wahre?
Wäre ein Selbstmord nicht angebracht,
oder doch nur ein Zeichen von Schwäche und Breche?

Was hält mich noch fest, was hält mich noch stand?
Mut und Wille, Glaube und Macht?
Aber wo ist mein Steg, wo ist mein Weg?
Immer wieder diese Hürden,
immer wieder diese Bürden.

Und das schon mein ganzes Leben lang!
Ich bin müde, müde noch dagegen anzukämpfen.
Müde mich dagegen anzustemmen.

Wo bleibt mein Glaube, wo bleibt meine Kraft?
Ich weiß es nicht, ich weiß es wirklich nicht.

Ich blickte sie an, sie blickte mich an. Es dauerte einige Sekunden, fast Minuten, bis sie endlich wieder Worte fand. „Mir ist es soeben kalt den Rücken runtergelaufen, Soriya. Woher können Sie denn so gut schreiben?" – „Es fing mit meinen Gedanken bei den Plastikblumen an. Seitdem schreibe ich immer wieder je nach Gefühl und Situation. Wenn ich es dann, so wie jetzt, auf Papier habe und lese, so gibt es mir doch immer wieder Kraft, die Hoffnung nicht aufzugeben." – „Behalten Sie diese Begabung bei! Es wird ein wertvolles Buch, da bin ich mir ganz sicher", versicherte sie mir. Mein Gesicht strahlte vor Freude.
Am späteren Nachmittag fanden die Vorbereitungen der Ausstellung statt. Alles wurde sehr schön dekorativ ausgestellt. Sogar unsere Broschen, die wir letzten Montag gemacht hatten. Ich staunte nicht schlecht, als die Besucher eintrafen. Sogar Herr Schaad und Frau Baur kamen und viele mehr. Viele Eltern und Freunde – nur meine Mutter nicht. Aber ich verstand das gut. Der weite Weg und all das Suchen wären zuviel verlangt gewesen. Ich konnte es aber trotzdem genießen. So endete dieser Tag mit einem glorreichen Abschluss.

* * *

Im September lief nichts mehr so, wie es sein sollte. Anfang des Monats hatte ich am Dienstag einen Arzttermin in Biel beziehungsweise Täuffelen. Am Mittag fuhr ich nach der Arbeit mit dem Zug über Biel dorthin. Bei der Rückfahrt machte ich einen Abstecher zu meiner Mutter. In der Eile vergaß ich aber meinen Velohelm bei ihr, was ich leider erst im Zug bemerkte. Ohne Velohelm wollte ich nicht zur Arbeit von Wabern nach Chly Wabern mit dem Fahrrad fahren. Das war mir doch zu gefährlich. Also rief ich noch am selben Abend bei meiner Mutter zu Hause an.
Meine Schwester nahm den Hörer ab: „Ja, Rim." – „Hallo, Somy. Ich bin's, Sory. Du, ich habe dummerweise meinen Velohelm bei euch vergessen. Kannst du ihn mir bitte gut aufbewahren? Ich komme ihn am Donnerstagabend nach der Schule holen." – „Hallo, große Schwester. Du musst doch nicht extra kommen. Ich bringe ihn dir", bot sie mir an. – „Ja, aber … du kommst alleine?" – „Sicher! Mama bleibt zu Hause." – Das zu hören schenkte mir Erleichterung. Denn ich wusste, dass sie sich in letzter Zeit nicht gut verstanden. „Also okay, bis morgen Abend.

Ich erwarte dich am Bahnhof." – „Okay, bis dann." – In der WG meldete ich mich zum Abendessen des folgenden Tages ab. Denn wenn meine Schwester kam, wollte ich doch lieber mit ihr etwas essen gehen.
Am Mittwochabend wartete ich nichts ahnend am Bahnhof Bern. Ich freute mich schon, meine Schwester zu treffen. Aber, oh weh, was musste ich von weitem sehen? Meine Mutter war ebenfalls dabei. Wie sollte das nur gut gehen? Bei der Begrüßung merkte ich bereits die unterkühlte Stimmung zwischen den beiden. Meine Schwester überreichte mir ohne Worte den Sack mit meinem Helm. Ich wollte versuchen den Abend zu retten und lud sie ein: „Danke, ich lad euch zu einem Drink ein." – Beim Bärenplatz hatte es draußen freie Tische. Wir setzten uns und bestellten Getränke.
Ich fing ein Gespräch auf kambodschanisch an: „So, Somy, wie war deine Schnupperwoche?" – „Ach, nichts Besonderes. Hat mir nicht gefallen." – Meine Mutter schaltete sich ein: „Ich hab dir gesagt, wenn du willst, helfe ich dir." – „Das brauch ich nicht. Das schaff ich alleine! Lass mich in Ruhe!", gab meine Schwester zornig zurück. – Ich versuchte die Situation zu retten: „Was gefiel dir denn nicht? Du hattest dir doch eine Informatiklehrstelle gewünscht und das war doch eine. Was war denn daran schlecht?" – „Das Personal. Es sind solche dabei, mit denen ich mich überhaupt nicht verstehe." – „Ja, aber …", fing ich wieder an, kam aber nicht weiter. Meine Mutter gab ihren Senf dazu: „Aber die Lehre ist wichtig. Mit dem Personal lernst du dich vertragen."
Da fing das ganze Gezeter an. Sie stritten sich direkt vor meiner Nase. Ich wusste nicht mehr, wo mir der Kopf stand. Bekam schon beim Zuhören heftige Kopfschmerzen. Ich wünschte mir, ich hätte Ohrenstöpsel dabei. Auf einmal stand meine Schwester auf und schrie unsere Mutter an: „Dann fahr selbst nach Hause!", und stampfte einfach davon. – „Warum nur? Warum nur?" Ich schüttelte den Kopf. Meine Mutter entschuldigte sich: „Es hat nicht sollen sein, Soriya. Es tut mir leid." Doch es war zu spät. Mein Kopf war voll gestopft, voll gestopft mit Schmerzen. Wie sollte ich so an diesem Abend noch lernen können? Am folgenden Tag hätte ich zwei Prüfungen zu schreiben. Wie sollte ich die mit diesen Schmerzen nur schaffen? Ich musste meine Mutter noch zum Gleis bringen, denn alleine fand sie es nicht. Als ich wieder in der Wohngemeinschaft ankam, platzte mir beinahe der Kopf vor Schmerzen

und gleichzeitig vor Wut auf meine Schwester. Wie konnte sie nur, wie konnte sie nur!?
An diesem Abend wollte ich nochmals lernen und repetieren. Die Vorbereitungen der Prüfungen durchgehen. Aber es war nichts mehr möglich. Zwar konnte ich meine Verzweiflung ein bisschen bei der Bezugsperson, die an diesem Abend anwesend war, rauslassen, aber es nützte mir nicht viel. Die Schmerzen blieben. Wie der darauf folgende Schultag verlief, kann sich wohl jeder vorstellen.

* * *

Am 9. Oktober 2001 erwartete mich der erste Gerichtstermin. Ich kam frühzeitig vor dem Amthaus an und wartete auf Frau Kreuzer und auf meine neue Beraterin in diesem Falle, Frau Schmuckli. Um 8.00 Uhr war der Termin bei der Untersuchungsrichterin, Frau Hänzi, vorgesehen. Die Zeit rückte näher, meine Anwältin war noch nirgends in Sicht. Es schlug 8.00 Uhr; sollte ich schon reingehen und mich anmelden? Ja, ich wollte nicht, dass sie denken, ich sei zu spät.

Vorsichtig öffnete ich die große Türe. Niemand zu sehen. Ich ging rein und schaute mich um. Die Nummer der Türe hatte ich, aber: auf welchem Stock? Da erblickte ich eine Frau im Gang und fragte sie schüchtern: „Entschuldigen Sie. Könnten Sie mir bitte sagen, wo ich die Türe Nummer … finde?“ – „Die ist in der anderen Richtung dieses Ganges. Weiter vorne“, erklärte sie. Ich bedankte mich und folgte der angezeigten Richtung. Nach wenigen Metern stand ich vor der Türe mit der besagten Nummer. Drinnen hörte ich Stimmen. Ich nahm meinen Mut zusammen und klopfte zweimal. „Ja, bitte?“, tönte es. Ich öffnete vorsichtig die Türe. Lauter Frauen sassen oder standen in diesem großen Büro. „Frau Pann?“, fragte mich eine. „Ja, das bin ich. Meine Anwältin ist noch nicht da, aber ich dachte, ich melde mich schon mal an.“ – „Das ist gut. Wir müssen aber auf sie warten. Bitte warten Sie draußen. Die Befragung findet im Nebenzimmer statt.“ – Ich schloss die Türe wieder hinter mir. Im nächsten Augenblick hörte ich Schritte. Ah, meine Anwältin! „Guten Morgen, Frau Pann. Ach, der Verkehr heute Morgen!“, begrüßte sie mich und schüttelte mir kräftig die Hand. „Und? Sind Sie gut aufgestanden?“ – „Ja, danke. Und Sie?“, fragte ich zurück. – „Doch doch,

sehr gut." Im nächsten Augenblick stiegen Frau Schmuckli und Herr Balmer, der Fürsprecher meines Stiefvaters, die Treppen zu uns hinab. Da öffnete sich auch schon die Türe zum Befragungszimmer und die Untersuchungsrichterin, Frau Hänzi, bat uns alle herein. Ich musste mich auf den Stuhl vor dem Tisch in der Mitte des Raumes setzen. Neben mir nahm Frau Schmuckli Platz. Hinter uns die zwei Anwälte und vor uns die Untersuchungsrichterin sowie die Gerichtssekretärin, Frau Guerdat. Das Befragungszimmer schien mir sehr groß. Auf jedenfalls großer als das, in welchem ich mit der Schulklasse bei einer Befragung dabei sein durfte.
„Frau Pann. Sie haben das Recht, die Außagen, welche ihre Intimsphäre betreffen, zu verweigern. Nur dass Sie das wissen", erklärte mir Frau Hänzi gleich am Anfang. Das schenkte mir Erleichterung. Ich kam so nicht unter einen Riesendruck. Die Fragen, die sie mir stellte, ähnelten sehr denen von Frau Wuillemin. Nur dass sie direkter kamen. Sie stellte sie mir nicht auf unangenehme Art und Weise, sondern blieb stets verständnisvoll und ließ mir Zeit, wenn sie merkte, dass ich Mühe hatte die Frage zu beantworten. Das fand ich total flott.
Nach circa zweieinhalb Stunden sagte sie mir etwas Beruhigendes: „So, Frau Pann. Bald haben Sie es geschafft. Es sind nicht mehr so viele Fragen." – Ich atmete tief ein und aus. Die Erleichterung war mir ins Gesicht geschrieben. Meine Beraterin strich mir sanft mit einem zuversichtlichen und aufmunternden Blick über meine rechte Hand. Am Ende bekam ich von meiner Anwältin sowie dem Anwalt meines Stiefvaters ebenfalls einige Fragen gestellt. Die waren aber nur noch ein Klacks obendrauf.
Draußen regnete es. Ich spannte meinen Schirm auf und verabschiedete mich von Frau Kreuzer und Frau Schmuckli. „Wie wird es wohl weitergehen?", fragte ich mich innerlich. Aber im Grunde genommen wusste ich es. Der nächste Schritt war das Hauptgericht. Ich kämpfte, ich kämpfte für meine Rechte. Denn das, was mein Stiefvater mir vor zwei Jahren angetan hatte, war unverzeihlich.

21. Eine Diebin in der WG

In diesem Semester ging es in der WG sehr kurios zu und her. Mir verschwanden Kleider, die ich erst gerade im Sommer gekauft hatte. Als ich ausrief: „He, verflixt! Wo sind meine neuen Jeans? Die können doch nicht so einfach verschwinden!", tauchten sie am selben Tag auf dem Wäscheständer wieder auf. „Wer hat sie versteckt?", fragte ich nach. Niemand gab eine Antwort. „Och, die hast du sicher nur übersehen", äußerte sich eine. Nun gut. Zumindest hatte ich sie wieder.
Aber wenige Wochen später wieder dasselbe. Am Sonntag nahm ich an einem Personalausflug teil und kam erst spät nach Hause. Alle schliefen bereits. Beim Aufhängen meiner Jacke vergaß ich dummerweise meine Postcard aus der Jacke zu nehmen. Am nächsten Morgen konnte ich später als die anderen aufstehen, denn ich hatte frei und wollte etwas in der Stadt besorgen. Nichts ahnend zog ich meine Jacke an und ging raus. Das Wetter war angenehm mild. In der Stadt angekommen wollte ich etwas Geld abheben und griff in meine innere Jackentasche. Aber, sie war leer … Keine Karte.
Häää, hatte ich sie vielleicht doch rausgenommen und im immer vergessen? Ich machte mir aber keine weiteren Gedanken, denn ich hatte ja noch andere Karten bei mir. Wieder zu Hause angekommen, setzte ich mich erst mal aufs Sofa. Auf einmal klingelte das Telefon. Wer konnte das um diese Zeit sein? Es war kurz nach Mittag. Ich nahm ab und meldete mich mit „Pann". – „Guten Tag. Hier ist die Post", tönte es vom anderen Ende. „Es sind einige Probleme aufgetreten. Um diese Probleme zu beheben, brauchen wir die PINs von allen Kunden. Wie lautet die Ihre?" – Ich wurde stutzig. „Aber …, aber, die ist geheim. Die gebe ich Ihnen sicher nicht!" – „Frau Pann! Es ist aber wichtig. Sonst …" Sie erklärte mir allerlei Probleme, die es ansonsten gäbe und die schon jetzt bestünden. Am Schluss gab ich ihr irgendwelche anderen Zahlen durch und legte auf.
In diesem Moment bekam ich aber doch ein ungutes Gefühl. Ich rannte die Treppe rauf in mein Zimmer. Durchstöberte es nach dieser Karte. Sie war nirgends und mir schwante Schlimmes. Anstatt sie sofort per Telefon sperren zu lassen, schrieb ich per A-Post einen Brief an die Postfinance, meiner Kontobetreuerin. Zwei Wochen später, bekam ich

den Monatsauszug und einen Schock. Mein Konto wurde geplündert und noch darüber hinaus. Ich sank aufs Sofa. „Nein, nein, nein!"
Es waren zwar nur etwas mehr als tausend Franken darauf, trotzdem, es war mein Geld. Geld, das ich mir stets hart erarbeitet hatte. Am Abend sprach ich die anwesende Betreuerin darauf an und es gab eine heftige Diskussion. Niemand wollte es gewesen sein. Das merkwürdigste kam aber erst noch. Zwei Tage später, am Mittwochabend, fragte mich bei meiner Ankunft Frau Wüthrich: „Soriya, vermissen Sie etwas?" – „Ja, warum?", fragte ich zögernd zurück. – Völlig unerwartet hielt sie meine Postcard in der Hand und streckte sie mir entgegen. – „Wo… woher haben Sie sie?", fragte ich völlig verdutzt. – „Ja, also. Sie war unter den Kleidern auf der Kommode. Sie ist Ihnen wahrscheinlich rausgefallen oder Sie haben sie dort vergessen."
Ich musste mich setzen. Konnte es immer noch nicht fassen. „Aber mein Geld, es ist weg! Wie kommt das?" – Es gab wieder eine Riesendiskussion. Natürlich wollte es immer noch niemand gewesen sein. Sogar die Polizei wurde eingeschaltet. Aber anstatt dass sie der Fährte folgten, verdächtigten sie mich einer Falschmeldung. Obwohl ich diesen Verdacht mit meiner Ehrlichkeit aus der Welt räumen konnte, machte mich das Ganze fix und fertig. Ich war am Ende mit meinen Nerven, bekam Migräne, Brechreiz und musste mich mehrmals in der Schule krank melden. Der Hausarzt schrieb mich stets nur ein paar Tage krank.
Am Freitag vor Weihnachten bekam ich solchen Brechreiz, dass ich meinen Hausarzt anrufen und ihn um eine Verlängerung meines Arztzeugnisses bitten musste. Meine Mutter holte mich an diesem Abend nach Hause. Ich versuchte auch jemanden aus der HWA zu erreichen, aber sie befanden sich alle bei der Weihnachtsfeier im Reberhaus. Die Stellvertreterin aus meinem Lehrgeschäft, Frau Weber, reagierte sehr verständnisvoll und riet mir: „Pflegen Sie sich gesund, Frau Pann!" Zwar arbeitete ich am Tag des Heiligen Abends wieder, aber das war nicht sehr klug. An Weihnachten bekam ich zusätzlich Hustenanfälle, die so schlimm wurden, dass ich kaum noch eine Stimme hatte. Bronchitis lautete die Diagnose. Meine mittlere Schwester musste für mich den Heimleiter anrufen und mich weitere Tage krank melden. Anstatt ein bisschen Verständnis zu zeigen, reagierte er barsch: „Warum kann sie mir das nicht selbst sa-

gen?“ – „Entschuldigen Sie, aber meine Schwester hat kaum eine Stimme. Ich verstehe sie selbst fast nicht“, erklärte sie.

Die nächsten zwei, drei Monate zog ich diese Grippe hinter mir her. Richtig auskurieren konnte ich mich nicht. Denn dazu fehlte mir schlichtweg die Zeit. Schließlich stand ich kurz vor den Abschlussprüfungen. Ich brauchte Ruhe, viel Ruhe, um mich konzentrieren zu können oder mich auch mal zu erholen. Aber nicht einmal das wurde mir gegönnt. Stattdessen gab es in der WG immer wieder etwas über mich zu meckern.

An einem Tag, Anfang Mai, hatte ich soeben eine mündliche Prüfung hinter mir und saß zur Erholung auf dem großen Balkon. Die Türe knackte, Christina und Lorena, zwei Mitbewohnerinnen, kamen rein. Sie hatten einiges eingekauft und trugen die Tüten in die Küche. Ich stand auf, ging ebenfalls in die Küche und fragte: „Oh, habt ihr eingekauft? Kann ich helfen?“ – Mürrisch gab Christina zurück: „Nein, das können wir alleine.“ – „Na dann eben nicht“, dachte ich mir und stieg rauf in mein Zimmer. Ich saß an meinem Schreibtisch und wollte etwas schreiben, hörte aber das Gemecker von unten deutlich. Christina konnte ihren vorlauten Mund nicht halten: „Sie hat wieder nichts getan, diese Faule. Dabei ist sie sicher schon lange zu Hause.“ – Das brachte mich richtig zur Weißglut. Was meinte die eigentlich? Dass ich alles im Haushalt für sie täte, damit sie bequem vor dem Fernseher sitzen und in diesen glotzen kann? Nicht mit mir! Ich stampfte die Treppen runter und fauchte sie an: „Für was haben wir denn Ämtlis, hää? Ich mache sicher nicht den ganzen Haushalt alleine. Wir sind zu fünft! Hier soll jeder anpacken und nicht nur ich! Wenn du meinst, ich mache den ganzen Haushalt alleine, dann täuschst du dich gewaltig!“

Ohne darauf zu reagieren wandte sich Christina ab und verschwand in ihrem Zimmer. Ich sprach Waltraud darauf an, die ebenfalls in der Küche stand, aber auch die reagierte nicht auf meine Wut. „Geht mich nichts an“, kam nur aus ihr raus. Ich hielt es nicht mehr aus, packte meine Jacke und ging raus. Draußen begegnete mir eine Bekannte, die ich aus dem Dorf kannte. Sie sah, dass ich am Ende war. „Komm, bei mir findest du Ruhe.“ Sie nahm mich mit zu sich nach Hause, wo ich wieder zu mir fand. Ich erzählte ihr von dem ganzen Puff in der WG und dass ich die Nase gründlich voll hätte. Sie verstand mich sehr gut, riet mir aber an: „Halte durch. Der Sommer kommt bald.“

Bereits seit einer Weile fragte ich die Gruppenleiterin immer wieder: „Frau Wüthrich, könnte ich bitte meinen Zimmerschlüssel zurückbekommen? Ich tu mir sicher nichts an. Ich brauche einfach meine Sicherheit. Ich weiß sonst wirklich nicht, wie ich das durchstehen soll." – Aber da war sie skeptisch: „Jäh, Soriya, ich weiß nicht so recht. Ich muss das zuerst mit Frau Stathis besprechen." – Sie nahmen meine Situation nicht ernst. Ich bekam den Schlüssel nicht.
Somit war es auch nicht verwunderlich, dass mir am nächsten Prüfungstag auch noch mein Handy in der WG, aus meinem eigenen Zimmer geklaut wurde. Nummern, die ich sonst nirgendwo anders aufgeschrieben hatte, waren damit weg, geklaut. Aber ich hatte keine Zeit, mich lange damit auseinander zu setzen. Die Arbeit im Betrieb war die beste Ablenkung für mich. In den letzten Monaten arbeitete ich mehrheitlich in der Molkerei, wo ich noch sehr viel lernen konnte.
Eines Morgens, ich war wieder mal beim Auffüllen, kam der Verkaufsleiter zu mir. „Guten Morgen, Frau Pann." Er schüttelte mir die Hand. „Guten Morgen, Herr Sieber", grüßte ich ihn freundlich zurück. – „Wurden Sie bereits informiert?", fragte er. – Ich schaute ihn mit fragenden Blicken an. „Nein, worüber denn?" – „Also, herzlichen Glückwunsch. Sie haben eine Stelle. Sie sind ab Sommer im MM Ittigen eingeteilt."
Meine Augen leuchteten. „In Ittigen? Zu Herrn Willenegger?" – „Ja, Sie haben richtig gehört. Ich habe ihn gefragt, ob er noch jemanden brauchen könnte, und er will Sie." – Ich konnte mich vor Freude kaum halten. Wenigstens etwas, das mich in dieser Woche aufmunterte. Nun konnte ich mich auf die Suche nach einer nahe gelegenen Wohnung machen. – „Melden Sie sich bei ihm in der Filiale und informieren Sie sich über den Start. Wann Sie anfangen müssen und so, meine ich", gab er mir mit. – „Kein Problem. Das mache ich demnächst", antwortete ich mit einem strahlendem Gesicht. Bei der Suche nach einer Wohnung bekam ich viele Helfer. So auch das Glück, die sofortige Zusage zu einer günstigen, großen 2-Zimmer-Wohnung in Bolligen. Damit fand ich schon mal Zuversicht. Eigentlich wollte ich sie erst im Juli beziehen, aber so lange ging es nicht mehr.
Am Montagabend, nach meiner zweiten mündlichen Prüfung, gab es wieder einen großen Knall in der WG. Jemand hatte am Samstag Kleider gewaschen und sie mir einfach nass im Kleidertrog gelassen. Ich kam an

diesem Abend selbst erst spät nach Hause und beachtete das nicht. Außerdem, man legt doch nicht nasse Kleider in den Trog, sondern hängt sie auf. Aber das wissen wohl nicht alle. Auf alle Fälle kam ich am Montagabend nach der zweiten mündlichen Prüfung nach Hause. Das erste, was ich hörte: „Hast du nichts machen können?“ Frau Stathis, die neue Bezugsperson, war ebenfalls anwesend. – „Was meint ihr? Was wollt ihr immer von mir? Ich hatte heute eine mündliche Prüfung!“, fauchte ich sie an. – „Tja, aber du hättest zumindest die nassen Kleider aus dem Trog nehmen und sie aufhängen können. Dazu hattest du doch am Sonntag genug Zeit“, sagte Annalisa, eine zickige Italienerin. Wie ihr Freund das nur mit ihr aushielt, das verstand ich nie. – „Was? Welcher Idiot lässt denn nasse Kleider im Trog. Die müssen doch sofort aufgehängt werden.“

Ich war bereits wieder auf höchster Alarmstufe. Frau Stathis meldete sich zu Wort: „Wenn Sie das heute Abend noch machen könnten, Soriya.“ – Ich brachte nichts mehr runter. Kein Essen, kein Trinken. Beim Aufstehen stand ich so abrupt auf, dass ich die Stehlampe mitriss und gleich eine Glühbirne zerschellen ließ. Es kümmerte mich aber nicht. Ich lief geradeaus weiter mit meinem Geschirr in die Küche. Stellte den Wasserhahn an und fing abzuwaschen. Die anderen räumten die groben Scherben weg, was mir auch völlig egal war. Natürlich hatte ich wieder mal niemanden, der mir abtrocknete. Aber das war mir nun auch schnuppe. Ich wollte rauf in mein Zimmer. Da fing mich Frau Stathis ab: „Soriya, könnten Sie bitte noch den Staubsauger rausholen und die kleinen Scherben wegsaugen. Die groben haben wir bereits entfernt.“

Widerwillig tat ich, wie mir geheißen. In meinem Zimmer rief ich mit meinem neuen Handy in Biel bei meiner Mutter und meiner Schwester an. Meine Schwester nahm das Telefon ab: „Rim“, meldete sie sich. – „Ja, hier Soriya. Du, meine Nerven sind am Ende. Andauernd schieben sie mir hier irgendwelche Schuld zu. Als ob ich mit den Prüfungen nicht schon genug zu tun hätte.“ Tränen der Verzweiflung stiegen mir in die Augen. – „Komm nach Biel“, riet mir meine Schwester. – „Aber morgen muss ich früh um 7.00 Uhr in Wabern sein. Das schaffe ich nie!“ Wir suchten nach einer anderen Lösung, aber es gab keine, die mir Ruhe schenkte. Also entschloss ich mich noch an diesem Abend mit meinem Schulmaterial nach Biel zu fahren. Meine Schwester und meine Mutter würden mich am Bahnhof abholen. Mit zwei Taschen voll bepackt mit

Schulmaterialien stieg ich die Wohntreppe runter. Vor dem Ausgang hielt mich Frau Stathis auf: „Halt, wo wollen Sie um diese späte Zeit hin, Soriya?“ – Ich war am Zerplatzen. „Lassen Sie mich durch! Ich will lernen. Dazu brauche ich das Puff hier nicht!“ – „Ja, aber wo gehen Sie mit dem ganzen Schulmaterial hin?“, fragte sie hartnäckig weiter. – „Lassen Sie mich einfach durch!“, verlangte ich. Weil sie immer noch nicht nachgeben wollte, riss ich die Türe gegen ihre haltende Hand auf und rannte die Haustreppe runter. Niemand kam mir nach, und das war mir recht so. Jetzt nur noch schnell nach Biel.

22.30 Uhr, ich kam in Biel am Bahnhof an. Wie versprochen warteten meine Mutter und meine Schwester auf mich. Sie nahmen mich in die Arme, das tat so gut. „Ich will nicht mehr, ich will nicht mehr zurück“, kam es unter Tränen aus mir raus. In dieser Nacht konnte ich wieder einmal in Ruhe einschlafen. Ohne das Geschnatter der Mitbewohnerinnen. Ohne das laute Geräusch vom Fernseher. Einfach in Ruhe und Frieden.

Am nächsten Morgen musste ich aber sehr früh aus den Federn. Zwar kam ich ein bisschen knapp an, aber die anwesende Stellvertreterin, Frau Weber, sah, dass ich eine verzweifelte Nacht hinter mir hatte und einfach Ruhe brauchte. In derselben Woche rief ich den Vermieter an und fragte ihn, ob ich nicht doch schon am 1. Juni einziehen könnte. Er willigte ein und das war mein Glück.

Am Donnerstagabend, nach der Schule, ging ich vorerst in die WG zurück. Christine war bereits zu Hause und schaute wie üblich fern. Bei meinem Eintreten drehte sie sich ruckartig zu mir: „Soriya! Wo warst du? Wir haben uns alle große Sorgen um dich gemacht!“ – „Ach ja? Wie gesagt, ich brauchte meine Ruhe“, gab ich zurück. Wenn die wüssten, was ich im Sinn hatte, ha! Aber wartet nur …

So ein Glück! Frau Weber, die Stellvertreterin, konnte mir für diesen Umzugstag, Samstag, 1. Juni 2002, frei geben. Früh stand ich auf und packte Kiste für Kiste ein. Es schien fast kein Ende zu nehmen. Meine Mutter und meine Schwestern kamen an diesem Tag um mir beim Putzen zu helfen. Drei meiner Wohnkolleginnen standen früh auf und waren bereits weg. Annalisa war die Letzte. Sie bemerkte wohl, was ich vorhatte, stellte aber keine Fragen, sondern verzog sich wieder in ihr Zimmer.

Einige Stunden später trafen meine Verwandten ein, beinahe die ganze Crew. Vom kleinsten Cousin bis zur Großmutter. „So, Soriya, hast du schon alles gepackt?", fragte mich Onkel Khom. – „Ja, Onkel, alles steht bereit." – „Was denkst du, wie viel Mal müssen wir dafür hin- und herfahren?" – „Hm, ich denke, zweimal sollten reichen." – „Ah, okay, das ist gut." – Wir hievten alle Kisten, eine nach der anderen, ins große Auto und fuhren los. Es ging alles sehr schnell. Das Wetter spielte schön mit. Die Sonne schien herrlich. Besser hätte ich's nicht treffen können. Bei der dritten Fahrt nahmen wir alle mit. „Sieht ganz gemütlich aus, deine Wohnung", gab die jüngste Tante beim Eintreten zu. Ja, damit hatte ich mir meine Freiheit erobert.

Mir war es egal, egal, was die Heimleitung und die Mitbewohnerinnen von mir dachten. Ich suchte meine Ruhe und hatte sie hier gefunden. In einer Woche starteten die schriftlichen Prüfungen und die wollte ich mir sicher nicht vermasseln lassen. In der HWA ging es aber unruhig zu und her. Der Heimleiter versuchte mich ständig zu erreichen, aber mehrmals vergeblich. Tja, ich war weg. Am Sonntag schaffte er es aber doch. Mein neues Handy läutete. Auf dem Display stand „Frau Wüthrich", die Gruppenleiterin und die Frau des Heimleiters. Ich überlegte hin und her. Sollte ich abnehmen oder nicht? Kurz entschlossen drückte ich den Annahmeknopf: „Ja, hier Pann." Am anderen Ende ertönte eine männliche, tiefe Stimme: „Da Wüthrich … Soriya, … was ist nur in Sie gefahren? … Einfach so wegzugehen, ohne ein Wort. Haben wir nicht vieles für Sie getan?" – Ich schwieg. – „So geht das nicht. Sie hätten eine Rente erhalten, die Sie jetzt vergessen können. Sie hatten einen Vertrag, der bis zum Juli anhält. Die IV wird Ihnen sicherlich nicht mehr beistehen …"

Er sprach noch lange weiter, aber ich hörte ihm nicht zu. Ich brauchte das nicht. Gestern hatte ich soeben meine erste schriftliche Prüfung hinter mich gebracht und die weiteren wollte ich mir sicher nicht von ihm vermasseln lassen. Ich legte auf. Ohne ein Wort, ohne einen Satz. Das war sicherlich nicht freundlich, aber es ging nicht anders.

In der folgenden Woche rief mich mein IV-Berufsberater an: „Hallo, Soriya. Hier Veronesi. Ich habe Unerfreuliches gehört. Wir sollten reden. Haben Sie in dieser Woche Zeit? Ich kann auch zu Ihnen nach Chly Wabern kommen." – „Hallo, Herr Veronesi", grüßte ich ihn. „Ja, wenn Sie wollen. Ich arbeite am Mittwoch den ganzen Tag." – „In Ordnung. Dann komme ich im Laufe des Morgens."

Gesagt, getan. Er kam bereits früh. Nach der Begrüßung bat ich ihn:

„Folgen Sie mir bitte! Wir dürfen im Filialleiterbüro unsere Diskussion führen." Er folgte mir durch das Lager bis ins Büro. Dort setzten wir uns auf die zwei Bürostühle. „So, Soriya", fing er wieder an. „Was war los?" – Ich atmete zuerst tief ein und nahm Anlauf: „Wissen Sie, mir ging es wegen den Mitbewohnerinnen seit letztem und bis zu diesem Jahr so elend schlecht, dass ich es nicht länger aushalten konnte. Meine Mitbewohnerinnen machten mich fix und fertig. Zuerst klauten sie mir meine Wertsachen sowie die neusten Kleider beziehungsweise Jeanshosen und mein Handy und dann veranstalteten sie ständig Zoff. Das auch an meinen Prüfungstagen. Beim zweiten Riesenkrach ging mir der Zünder komplett aus. Ich musste mich entscheiden, was ich wollte: die Prüfungen bestehen oder mich lieber dem Streit hingeben. Da entschloss ich mich für das Erste, die Prüfungen. Denn nur das bringt mich weiter; das Puff bringt bloß Kopfschmerzen. Das brauche ich nicht! Außerdem hatte ich noch meine schriftlichen Prüfungen vor mir, wovon morgen die letzte kommt." – „Hm, ich verstehe", gab er zu. „Das war sicher nicht einfach für Sie. Ich werde sehen, was sich machen lässt. Vorerst müssen Sie aber mit dem Lehrlingslohn zurechtkommen. Das IV-Taggeld wurde Ihnen bereits gesperrt", gab er bedauernd zu. – „Haaa", kam aus mir raus, „denken Sie, ich hätte nichts zuvor gespart? Ich habe jedes Jahr gespart! Denn ich wusste schon lange, dass ich einmal eine eigene Wohnung nehmen würde. Also, ich komme vorläufig sehr gut ohne das Taggeld zurecht!"

Ein Erstaunen huschte über sein Gesicht. „Soriya. Ich muss sagen, Sie sind wirklich schon sehr gereift. Das merke ich jetzt", gab er zu. „Ich will aber trotzdem schauen, dass Sie eine Unterstützung erhalten. Sie arbeiten ab Sommer 75 %, sagten Sie?" – „Ja, und wenn schon, ich schaff es auch so. Ich bin sehr sparsam", entgegnete ich ihm. – „Aber Sie haben es zu Gute. Es ist ihr Recht", widersprach er mir. – „Ja, da haben Sie schon Recht. Die Hirnblutung habe ich mir nicht selbst geholt. Es war kein Unfall, sondern eine Krankheit." – Er nickte. Wir unterhielten uns noch eine Weile weiter. Das Staunen auf seinem Gesicht nahm kein Ende. Ich begleitete ihn zur Rolltreppe, wo wir uns verabschiedeten. „Viel Glück für die letzte Prüfung morgen", wünschte er mir. So ging ein klares und gutes Gespräch zu Ende.

Die nächsten zwei Wochen kribbelten mich sehr. „Hoffentlich bekomme ich keinen Brief nach Hause. Hoffentlich nicht“, bat ich. Denn das wäre eine schlechte Nachricht. Am Donnerstag, 27. Juni, hingen die Listen der Bestandenen am Anschlagbrett der Berufsschule Bern. Leider hatte ich in dieser Woche nicht mehr frei. Ich machte aber mit einer ehemaligen Schulkollegin aus, dass sie mich anrufen würde, sobald sie es wusste. Egal, um welche Zeit.

Am Mittag hielt ich es aber nicht mehr aus und rief sie mit meinem Handy an. „Ja“, meldete sie sich. – „Ja, hallo Cindy. Da Soriya. Sag mal, weißt du es jetzt oder immer noch nicht?“, fragte ich sie mit großer Neugier. – „Ach, hallo du. Ja, meine Schwester ist für uns beide schauen gegangen. Weißt du, ich muss heute auch den ganzen Tag arbeiten. Ich bin sehr froh! Meine Nummer ist auf der Liste.“ – „Ja, gratuliere, und wie steht's mit meiner?“ – „Also, bei deiner fragte ich sicher dreimal nach, ob sie auch wirklich drauf sei.“ – „Und?“ Ich konnte es kaum erwarten zu hören. – „Ja, sie ist drauf!“

Ein Stein fiel mir vom Herzen. Ich hatte es geschafft, yeah! Mein Herz hüpfte vor Freude. Im Betrieb wollte ich es nicht lange geheim halten. Die Stellvertreterin stand gerade mit ein paar anderen im Gange vor den Plänen. „Frau Weber“, kündigte ich mit einem leuchtendem Gesicht an, „ich habe es geschafft! Bestanden!“ – Sie bekam große Augen, ließ alles sein und nahm mich in die Arme. So groß war die Freude. An diesem Tag bekam ich viele Gratulationen, was mein Herz sehr erwärmte.

22. Die Freiheit erreicht!

Die letzte Schulwoche vor den Ferien war mit Feiertagen übersät. Am Dienstag die externe und am Freitag die interne Feier von der Migros Aare. Die interne dauerte den ganzen Tag bis tief in die Nacht. Es kamen Absolventen und Absolventinnen aus Aargau, Solothurn und dem Kanton Bern. Um 8.15 Uhr bei der Schützenmatte, hieß es für uns aus Bern, so auch für mich. Das Wetter spielte toll mit und die Sonne schien herrlich. Drei Cars brauchte es, um uns alle reinzubringen.
In Walperswil angekommen erwartete uns bereits das ganze Lehrlingsausbildungsteam und viele mehr. Herr Murbach stand am Tor und begrüßte jede und jeden Einzelnen mit: „Herzlich willkommen zur Abschlussfeier! Ab jetzt Fredy." Damit war das „Sie" vorbei. Der Platz füllte sich immer mehr. „Hallo, Soriya", hörte ich eine Stimme hinter mir rufen. Ich drehte mich um und wen sah ich? „Hi, Bekime. Schön, dich wieder zu sehen." Die Freude war groß. Im gleichen Augenblick kam ein Junge mit einem Tablett vorbei: „Durst? Ein Glas gefällig?" – Dazu sagten wir natürlich nicht nein. Es gab viel zu erzählen, viel zu reden. Wir suchten uns einen Tisch am Ende der Tischreihe aus und setzten uns. Da traf man auch wieder bekannte Gesichter. „Hallo, warst du nicht auch an der Autolust-Ausstellung?", fragte mich eine. „Doch, doch. Ja du doch auch!", gab ich zurück. Eine Freude kam nach der anderen.
Der Brunch bei Familie Schwab wurde eröffnet. Die Schlange sah endlos aus. „Warten wir lieber noch ein bisschen", riet Bekime. Als es sich endlich lichtete, gingen auch wir ran an die feinen Leckereien. Beim Vorbeigehen mit unseren bereits gefüllten Tellern bot uns Frau Schwab an einem separaten Tisch an: „Tee, Kaffee, Orangen- oder Tomatensaft?" – „Gerne Orangensaft, bitte." – Sie schenkte uns beiden ein. Wir gingen an unseren Platz zurück und aßen vergnügt. Gegen 11.00 Uhr hielten Manuela und Dominique eine schöne Ansprache zur Feier. Alle wurden auf der Tribüne noch einmal beklatscht und mit einem Gutschein und einem weiterem Geschenk geehrt. Es war ein herrliches Gefühl. Auch Familie Schwab wurde herzlich für ihre Gastfreundschaft gedankt. „Da wir nur für den Morgen hier einen Platz haben, haben wir uns etwas Weiteres ausgedacht", kündigte Manuela an. „Um 13.00 Uhr geht es weiter zur Expo 02 in Biel. Auf der Fahrt dorthin werdet ihr zudem eine wei-

tere Eintrittskarte zugesteckt bekommen. Diese müsst ihr gut aufbewahren, denn es ist eure Eintrittskarte für die internationale Abschlussfeier im Kongresshaus in Biel. Dort sehen wir euch um 18.00 Uhr wieder. In der Zwischenzeit vergnügt euch schön."

Ich vergnügte mich an der Expo mit Martina, meiner guten Kollegin. „Weißt du, wo das Kongresshaus ist?", fragte sie mich beiläufig. – „Klar! Wir müssen nicht hetzen. Es ist ganz in der Nähe." – Der Nachmittag verlief sehr schön, aber schnell. Wir fuhren einige Bahnen, tranken etwas und spielten am Spielstand. Dabei gewannen wir beide eine schöne farbige Tasche mit einer Überraschung drin. „So, ich glaube, es ist Zeit zum Aufbrechen", schlug ich vor. Wir tranken noch einen letzten Schluck und zogen los. Ich führte uns direkt hin. „Hey, da vorne steht ja Herr Schaad." – Eine freudige Begrüßung mit Musik und einem weiteren feinen Drink empfing uns. – „Also, alle mal herhören!", tönte eine Stimme von rechts. „Wir machen ein Verewigungsfoto. Dazu steht oben eine Fotografin bereit. Kommt rüber und steht ein bisschen zusammen!" – Alle gingen in die angezeigte Richtung. „Noch ein bisschen zusammenstehen", und klick machte es.

Nun wurde die Eingangstüre geöffnet. Schnell suchte ich mir mit meinen Kolleginnen einen schön gedeckten Tisch. Wenige Minuten später: „Das Buffet ist eröffnet." – Dominique fing mich unterwegs ab und sprach mich an: „Hallo, Soriya. Wir hatten alle eine gewaltige Freude, als wir hörten, dass du bestanden hast. Gratuliere dir noch mal herzlich." – „Danke. Das hab ich am Telefon gehört. Ihr habt ja alle richtig gejauchzt. Es ist auch eine riesige Freude für mich." – Wir redeten noch so viel, dass wir beinahe das Essen vergaßen, wenn nicht gerade Manuela mit ihrem gefüllten Teller vorbei kam. Viele Reden, Ehrungen (zweisprachig, versteht sich) und Musikvorführungen fanden auf der Bühne statt.

Am späteren Abend, um 22.00 Uhr, startete die Disco im Untergeschoss. Ich tanzte mit einem Kollegen bis kurz nach Mitternacht. Um 1.00 Uhr früh erwarteten uns bereits wieder die Cars zur Heimfahrt. Manuela stand vor unserem. Bereit, jedem einzelnen nochmals die Hand zu schütteln. „Alles Gute, Soriya, und einen guten Start in Ittigen", wünschte sie mir. „Danke. Dir auch alles Gute." Ich stieg in den Car und setzte mich auf einen gemütlichen Zweiersitzplatz. Die Fahrt nach Bern verlief sehr ruhig. Alle waren sehr müde. In Bern angekommen gönnte ich mir ein

Taxi. Denn um diese Zeit fuhren keine Züge mehr. Aber egal, mein Herz war gefüllt mit Freuden und das konnte ich mir einmal ruhig leisten. In dieser Nacht schlief ich aber nicht lange. Bereits um 6.00 Uhr früh erwachte ich wieder. Das, obwohl ich eigentlich frei hatte. Mein Herz strahlte mit viel Sonnenschein: „Jaaa, meine Freiheit ist erreicht!“

* * *

Foto 15: Strahlende Gesichter bei der internen Abschlussfeier in Walperswil. Die Absolventinnen und Absolventen der Migros Aare können stolz auf sich sein: Sie haben es geschafft.

Nachwort

Ich habe mich lange damit auseinandergesetzt und gefragt, ob ich dieses Buch wirklich schreiben will. – Würde es mir danach besser gehen? Was würden meine Familienangehörigen dazu sagen? – Am Schluss musste ich feststellen, dass das ganz allein meine eigene Entscheidung ist. Zudem tat es einfach gut, wirklich gut alles zu verarbeiten. In diesem Buch habe ich über meine Erkenntnisse, Erlebnisse, Träume und Gefühle geschrieben, wie sie sonst niemand kannte. Ein Buch, welches mir die Freiheit schenkt, mich selbst zu sein.
Es bedeutet mir sehr viel, weil es ein Teil meines Lebens ist und besonders ein Durchbruch in meinem Leben. Beim Schreiben merkte ich an manchen Tagen, ich bin noch nicht ganz darüber hinweg. Die Schmerzen sind immer noch da, aber die Freude des Erreichten ist viel großer. Diesen Verarbeitungsprozess habe ich gebraucht. Die Befreiung vom familiären Bündnis hat mich sehr gereift und selbständig gemacht, wofür ich sehr dankbar bin. Zudem hat es mir die Türen geöffnet. Die Türen für ein eigenes Leben, ohne irgendwelche Vorbestimmungen. Die gerichtlichen Hauptverhandlungen fanden am 4. und 5. November 2002 statt. Meine Rechte wurden mir zuteil. Glücklicherweise blieb ich auch standhaft und wurde nicht zu einem Psycho-Fall. Mein Stiefvater erhielt 2 ½ Jahre Zuchthaus. Zwar ist das nicht die Strafe, die ich ihm gewünscht hätte, aber immerhin. Er musste für seine Schandtaten büßen.
Meine Mutter hat sich, dank ihrem Glauben an Buddha, wieder sehr gut erholt. Sie arbeitet nun an feierlichen Anlässen im „jungen“ buddhistischen Verein „Wath Swiss Khmeraram“ mit. Dort hat sie viele Gleichgesinnte um sich, was ihr sehr gut tut.
Mittlerweile habe ich eine gemütliche 3-Zimmer-Wohnung in Ostermundigen bezogen und arbeite immer noch im Migros Ittigen. Nebenbei habe ich auch schon wieder einige berufsbegleitende Weiterbildungen erfolgreich abgeschlossen sowie das Handelsdiplom und das „Office Allround“ (Informatik). Seit November 2005 engagiere ich mich nebenberuflich im Bereich der zellulären Ernährung. Es erfüllt mich mit Stolz, Menschen auf eine einfache Art und Weise zu mehr Wohlbefinden und Vitalität verhelfen zu können, so wie ich mir selbst schon geholfen habe. Wer weiß, wohin mich mein Weg noch führen wird?

Danksagung

Ich bedanke mich ganz herzlich bei meiner Kollegin Martina Gerber, von der ich die Aufmunterung bekam dieses Buch zu schreiben. Ich danke auch all den Menschen, die zu diesem Buch ihren Beitrag geleistet haben.
Außerdem bedanke ich mich bei allen Ärzten und Schwestern aus dem Inselspital Bern G 7 Nord, die alles Mögliche dafür getan haben, dass ich wieder zu mir kam und es mir während meines langen Spitalaufenthalts 1991 so gut erging. Ein ganz herzliches Dankeschön auch an die Physiotherapeutinnen, die es sicherlich nicht immer einfach mit mir hatten; dem Logotherapeuten Herr Zimmermann und der Ergotherapeutin Frau Freudiger. Ich bedanke mich zudem bei allen Menschen, die mir in irgendeiner Weise in meinem Leben geholfen, mich unterstützt und mir auf meinem Wege viel Freude bereitet haben. Vielen Dank!

Endnoten

1 Im Dorf gab es einen Brunnen, aus dem er Wasser schöpfte und damit die jungen Frauen vom Dorf bespritzte.

2 In der damaligen Zeit genügte zur Scheidung das mündliche Einverständnis eines Ehepartners mit der Zustimmung der Eltern beider Seiten und der Großahnen. Eine schriftliche Bestätigung war nicht nötig. Die Mutter meines Vaters veranlasste die Scheidung aus Angst, dass ihr Sohn nach der Rückkehr von seinem Sold mit meiner Mutter nach Kambodscha in den Krieg zurückkehren muss.

3 Ein Handklatsch-Spiel, bei dem die Spieler alle im Kreise stehen. Die rechte Hand wird über die des rechten Mitspielers gelegt und die linke Hand unter die des linken Mitspielers. Einer beginnt, indem er auf die rechte Hand des linken Mitspielers klatscht und dieser klatscht dem nächsten auf die rechte Hand. Dabei wird das Emia-Benza-Lied gesungen. Beim Schlusswort des Liedes („Blam") muss derjenige Spieler, der drankommt, versuchen, noch schnell die Hand des nächsten Mitspielers zu erwischen. Schafft er's, so bleibt er drin und der andere muss aus. Schafft er's nicht, so muss er raus und der andere bleibt drin. Die Anzahl der Mitspieler ist unbeschränkt.

4 Wir hatten zweierlei Kochstunden. Die normale Kochstunde war mit einer großen Gruppe. Die Privatkochstunde dagegen fand in einer kleineren Gruppe mit etwa fünf Personen statt.